# A dona do Jabuti

Marina de Almeida Prado com Fernanda Buischi

# A dona do Jabuti

A vida de Lucília Junqueira de Almeida Prado,
uma das mais premiadas escritoras do Brasil

© 2022 - Marina de Almeida Prado e Fernanda Buischi
Direitos em língua portuguesa para o Brasil:
Matrix Editora
www.matrixeditora.com.br
⦿/MatrixEditora | ⦿ @matrixeditora | ⦿ /matrixeditora

**Diretor editorial**
Paulo Tadeu

**Capa, projeto gráfico e diagramação**
Patricia Delgado da Costa

**Revisão**
Adriana Wrege
Silvia Parollo

**Pesquisa**
Julia Fregonese, Gabriella Lopes e Xavier Mari (Atelier de Conteúdo)

**Redação final**
Fernanda Buischi e Marcela Bourroul (Atelier de Conteúdo)

**CIP-BRASIL - CATALOGAÇÃO NA PUBLICAÇÃO**
**SINDICATO NACIONAL DOS EDITORES DE LIVROS, RJ**

Prado, Marina de Almeida

A dona do Jabuti / Marina de Almeida Prado e Fernanda Buischi. - 1. ed. - São Paulo: Matrix, 2022.
160 p.; 23 cm.

ISBN 978-65-5616-228-7

1. Prado, Lucília Junqueira de Almeida, 1924-. 2. Escritoras brasileiras - Biografia. I. Buischi, Fernanda. II. Título.

22-78235
CDD: 928.69
CDU: 929:821.134.3(81).

Gabriela Faray Ferreira Lopes - Bibliotecária - CRB-7/6643

# Sumário

Prefácio.................................................................... 9
O porquê do livro.................................................... 11
Infância................................................................... 15
Juventude............................................................... 23
Cuidar da família.................................................... 31
Parceria com Arnaldo............................................. 43
Primeiros livros, primeiros prêmios....................... 53
Carreira aquecida................................................... 63
União da família..................................................... 71
A vida pede pausa.................................................. 81
Redescobrindo prazeres......................................... 91
Ainda em forma..................................................... 101
Publicações............................................................ 107
Árvore genealógica................................................ 111
Fotos....................................................................... 121

Para essa mulher à frente do seu tempo, muito generosa e que, para minha sorte, é minha avó.

*Marina*

# Prefácio

Conheci os livros de dona Lucília em 1974, depois de devorar tudo de Monteiro Lobato, aos 12 anos de idade. Nessa época, ninguém era pré-adolescente. Era criança ou gente grande. Eu era criança. E ela, minha amiga de infância. Afinal, depois de me encantar com boneca falante e espiga de milho com título de visconde, encontrei na obra de dona Lucília o mundo real.

O livro *Uma rua como aquela* foi o primeiro. Li três vezes. E queria me mudar para aquele bairro, ser vizinha dos personagens, jogar bola no campinho, aquilo tudo era muito de verdade. Em seguida, *Rei do mundo* me levou na garupa do Trapézio para uma viagem aos anos 1940. Torci por Raimundo mais do que pelo Brasil em qualquer Copa do Mundo.

Nessa época, adorava mandar cartas. E escrevi para dona Lucília dizendo que meu sonho era ser escritora como ela. Ela morava em Ribeirão Preto e eu conhecia muito bem a cidade da terra vermelha. Meu pai nasceu na vizinha cidade de Brodowski. Passava as férias nas fazendas da Mata, em Batatais, e da Lagoa, em Bonfim Paulista. Ou seja, tínhamos muito em comum.

Dona Lucília me respondeu com ternura e incentivo.

Corta para 2018. Eu tinha escrito um livro infantil, uma novela para a TV aberta e duas séries infantojuvenis para *streamings*. Queria um novo desafio. E só poderia adaptar para teledramaturgia uma das obras de minha mentora.

Fui atrás de contatos com os Junqueira de Almeida Prado, imaginando que receberia um "não". Afinal, era óbvio que produtoras renomadas já tinham feito esse convite. Para minha surpresa, o meu interesse, inédito até hoje, estimulou a família a escrever esta biografia de minha amiga de infância. Exemplo de vida e determinação.

A obra para teledramaturgia ainda é um sonho a ser realizado. E será. Espero assistir ao primeiro capítulo ao lado da autora. Se possível, segurando sua mão.

**Leonor Corrêa**, *jornalista e roteirista, 59 anos. Obras: Livro* De cara com o espelho, *adaptação da novela* Carinha de Anjo *(SBT/Netflix). Supervisão de texto: minissérie* Z4 *(SBT/Disney Channel). Autora: série* Super Liz *(em produção/ Discovery Kids).*

# O porquê do livro

Eu sou a mais velha dos onze netos da minha avó Lucília. Em meados de 2020, ela foi procurada por Leonor Corrêa, roteirista que estava interessada em adaptar duas de suas 65 obras infantojuvenis para a televisão. Se o pedido fosse feito alguns anos antes, tenho certeza de que minha avó tomaria conta do assunto pessoalmente. Mas, com 97 anos, ainda em isolamento por causa da pandemia da covid-19, alguém precisava ajudá-la.

Comecei a vasculhar documentos, levantar as obras publicadas e contratos de direitos autorais. Percebi que não existia nenhum registro biográfico unificado sobre ela, apenas os resumos de sua vida, publicados em formato de minibiografias no final ou nas orelhas dos livros – e são muitos! Alguns que nós, da família, nem conhecemos, porque não conseguimos acompanhar todos os lançamentos.

Seu primeiro livro foi publicado quando ela tinha 43 anos e seus filhos mais novos já tinham um pouco de autonomia. Era uma mulher moderna para a época. Casada com um fazendeiro, continuou morando no interior de São Paulo, mas viajava o Brasil inteiro para divulgar seu trabalho. Ganhou prêmios como o Jabuti, mais importante premiação literária do Brasil, participou de feiras de livros nacionais e internacionais, como a Bienal Internacional do Livro de São Paulo, a maior da América Latina, e foi presidente da Academia Brasileira de Literatura Infantil e Juvenil.

Seus livros fizeram sucesso em todo o país, em uma época em que a literatura para jovens e crianças ganhava força. Só nas décadas de 1970 e 1980, ela publicou quase cinquenta obras que marcaram mais de uma geração, incluindo a minha. Depois do Jabuti, ainda recebeu oito prêmios. Seus textos foram adaptados para o teatro e hoje estão também no YouTube, em canais de leitura de livros infantis. Viveu uma rotina intensa de contatos com editores, visitas a escolas, a feiras de livros, onde participou de sessões de autógrafos ao lado de outros autores igualmente festejados. Também se dedicava a responder às cartas que recebia diariamente de leitores. Quase todas as edições de seus livros trazem um convite à correspondência com seu endereço da fazenda, da casa em que morou em Ribeirão Preto ou de uma caixa postal. Depois que meu avô faleceu, ela continuou publicando até 2010.

Dez anos depois, o contato da Leonor me despertou para a importância do legado que ela deixa para a literatura infantojuvenil brasileira. É uma história que merece ser contada e não pode ser esquecida. Primeiro, porque ela influenciou uma geração de leitores. Segundo, porque sua própria trajetória de vida é um exemplo para inspirar tantas outras. Ela produziu dezenas de obras levando duas vidas paralelas. Cumpriu com as obrigações que esperavam dela, como uma mulher nascida em 1924, mas foi atrás do que queria quando teve oportunidade.

Antes de se dedicar à carreira de escritora, minha avó seguiu à risca o roteiro esperado para mulheres de sua época, especialmente as de famílias tradicionais paulistas como as nossas. Ela é Souza Queiroz pela mãe e Junqueira pelo pai. Casou-se com meu avô, Arnaldo de Almeida Prado, também de família tradicional, com quem teve cinco filhos. Essa origem e as expectativas das famílias podem ter pesado quando ela escolheu se casar primeiro.

Dentro de casa, liderava a equipe de cozinheiras e arrumadeiras, dando ordens para que os encontros da família na fazenda fossem bem-organizados e fartos. Era comum ela chegar à nossa casa, ou de qualquer outro filho, com o carro, dirigido pelo motorista Julinho, carregado de verduras e legumes da horta impecável da fazenda Santa Elza, onde morava. Também comprava móveis para presentear as noras e, sempre muito prática, determinava onde deveriam ser colocados. Ainda encontrava tempo para dar atenção e ouvir quando alguém precisava de ajuda. Especialmente os funcionários.

Ninguém sabe dizer quantas pessoas ela já beneficiou, e até hoje descobrimos ações que realizou em segredo no passado. No início dos anos 2000, ela doou 100 mil reais ao Instituto Ana Rosa, fundado pela família Souza Queiroz em São Paulo. Nós só tomamos conhecimento quinze anos depois, quando uma pessoa ligada ao instituto falou sobre a doação com meu tio mais novo, Aguinaldo. Quando ele foi confirmar a informação, minha avó ainda ficou surpresa por ele ter descoberto. Ela poderia ter passado grande parte da vida cuidando da sede da fazenda, da horta, do pomar e do jardim, enquanto meu avô, Arnaldo, tomaria conta de todo o resto. Mas ela sempre fez o que quis.

Durante o período em que mais vendeu livros, os direitos autorais lhe davam autonomia e independência para investir ou doar o que ganhava. Quando os valores ultrapassavam suas possibilidades, usava seu "jeitinho" para convencer o marido a fazer concessões.

O projeto de adaptação do livro *Rei do mundo*, sua obra de estreia, para uma novela na televisão, está em avaliação com algumas produtoras. Se for aceito, será mais um pedaço desse legado que tentei registrar aqui – e torço para que não seja o único.

# Infância

Lucília tinha 48 anos quando o telefone na sede da fazenda Santa Elza tocou. A ligação partia de São Paulo, capital, a cerca de 400 quilômetros dali. Era para avisá-la de que tinha ganhado o Jabuti, o mais tradicional e importante prêmio literário brasileiro, e que deveria comparecer à cerimônia de entrega. Com um misto de surpresa e felicidade, quando desligou, procurou ao redor alguém para comemorar. Aloísio, o mais velho de seus cinco filhos, entrava na sala e ela não se conteve. Abraçou o filho e o sacudiu, repetindo: "Ganhei o Jabuti! Ganhei o Jabuti!". Aloísio, sabendo que a mãe estava concorrendo, não perdeu a oportunidade da piada, famosa até hoje na família, e devolveu-lhe: "Macho ou fêmea?".

O premiado era o livro *Uma rua como aquela*, publicado em 1971 pela editora Record, vencedor na categoria Literatura Juvenil. Na obra, Lucília conta a história dos moradores de uma rua sem saída na cidade de São Paulo no ano em que o homem pisou na Lua. Era apenas o segundo de muitos livros que Lucília escreveria ao longo de 43 anos de atividade: foram 81 títulos, entre lançamentos e reedições. A maior parte destinada ao público infantojuvenil, mas também houve romances e contos para adultos, além de poesias.

A piada de Aloísio, porém, não era sem sentido no contexto familiar. Considerando a vida que Lucília levava, ganhar um jabuti, o réptil, parecia ser mais provável do que o prêmio literário. Casada com Arnaldo de Almeida Prado, de família de pecuaristas do interior do estado de São Paulo, Lucília crescera na fazenda Lajeado, em Minas Gerais, onde passou o que considera uma infância de "pobreza felicíssima". A quebra na Bolsa de Nova York, em 1929, afetara a maioria dos fazendeiros produtores de café no Brasil. Para sua família, a morte do patriarca, Gabriel Orlando Teixeira Junqueira, seu avô, um ano antes, havia tornado o cenário um pouco mais delicado.

Gabriel Orlando dirigiu a fazenda Lajeado na época em que ela tinha mais de 500 mil pés de café e o maior terreiro do Triângulo Mineiro. Ele teve papel importante no comércio cafeeiro em Santos, atuando como presidente da Bolsa de Café, fundada em 1917. Foi um dos responsáveis pela construção de sua nova sede, onde hoje está o Museu do Café. Nascido na fazenda Melancias, em Uberaba, também foi político influente na cidade. Ocupou cargos públicos e foi nomeado duas vezes agente executivo, o equivalente a prefeito na época, no início do século XX.

Com sua morte, Aguinaldo de Mello Junqueira, pai de Lucília, ficara responsável pelos negócios da família. Ele era o mais velho de doze irmãos e o único casado, com Matilde de Souza Queiroz Junqueira. Moravam todos em um mesmo palacete, na Rua Martiniano de Carvalho, em São Paulo. A situação de crise que se instalara levou a família a se desfazer de carros e de alguns móveis de valor e mudar-se por uns tempos para a fazenda, no pequeno município de Conquista, a 480 quilômetros de Belo Horizonte. Assim, alugaram o casarão paulista e, no outono de 1929, pegaram o trem na Estação da Luz para uma viagem de mais de vinte horas rumo ao Triângulo Mineiro.

Os tios de Lucília, irmãos de Aguinaldo, trancaram suas matrículas na faculdade e as três tias que eram noivas tiveram que adiar seus casamentos. Já para as crianças, a mudança só trouxe alegrias. O dia em que chegaram a Lajeado ficou marcado como a "data mais longínqua" em suas memórias, como Lucília registraria muitos anos depois no livro *Sob as asas da aurora*, inspirado em sua vivência de infância. Ela tinha 5 anos, sendo a primeira filha do casal Aguinaldo e Matilde. Seus irmãos, Luiz Felipe e Aguinaldo, tinham 4 e 3 anos, respectivamente. Juntava-se ao grupo dos pequenos o primo Rui, de 6 anos, filho de Alice, fruto do primeiro relacionamento do patriarca. A meia-irmã era viúva e morava com eles. Completando a família, que reunia dezenove pessoas, a avó de Lucília, Cornélia Castro de Mello Junqueira, também foi.

A única integrante do núcleo que não viveu para acompanhar a viagem foi Lucília, a outra meia-irmã, que falecera de tifo alguns anos antes. Foi na época em que Matilde estava grávida, e o sogro, Gabriel Orlando, lhe pediu que, em homenagem, desse à criança o nome da tia, caso nascesse uma menina. Quando Lucília nasceu, em 28 de fevereiro de 1924, em São Paulo, assim que o sexo foi confirmado, estava decidido como batizar a primogênita.

A mudança agitou a fazenda, antes habitada apenas pelos colonos que faziam a colheita de café, em sua maioria japoneses trazidos por Taro Kawamoto, braço direito de Gabriel Orlando. Taro tornou-se administrador e parceiro de Aguinaldo, ajudando-o a recuperar a produção em Lajeado. Passado um ano da chegada da família, a avó Cornélia e os tios e tias de Lucília puderam voltar para São Paulo e retomar seus estudos e planos. A venda do café naquela safra foi mais modesta do que em anos anteriores, mas suficiente para alugar uma casa em uma rua mais simples na cidade. A crise, porém, ainda não tinha acabado, e havia muito trabalho a fazer para a fazenda voltar a ser lucrativa. Aguinaldo, pela obrigação de ser o primogênito e responsável pelos negócios, permaneceu com Matilde e os três filhos, além de Alice e o filho, Rui.

### Primeiras amizades

Na fazenda, Lucília observou sua mãe tomar a frente nos cuidados com os trabalhadores. Matilde instalou uma farmácia na colônia para facilitar o acesso a medicamentos e conseguiu, com um médico de Conquista, doses de vermífugo que foram oferecidas aos trabalhadores. Preocupava-se com o bem-estar das famílias e buscava saber quais necessidades tinham. Para isso, contava com Missayo, esposa de Taro, para levar a ela as informações. Mais tarde, já adulta, Lucília repetiria essas iniciativas em suas fazendas, mas indo ela mesma à casa dos colonos para conversar.

Missayo e Taro tinham onze filhos, entre eles Iolanda, da mesma idade de Lucília. Desde que se conheceram, as duas tornaram-se amigas inseparáveis. Com o tempo, os pais das meninas também ficaram próximos, e Aguinaldo e Matilde batizaram Rui, o filho mais novo do casal de administradores da fazenda. Enquanto os adultos se dedicavam aos cuidados da terra e da casa, Iolanda e Lucília passavam o dia brincando. A cavalo, andavam por toda a fazenda, visitavam a colônia e conversavam com os trabalhadores. Pelas histórias que ouvia, Lucília foi conhecendo a cultura japonesa, como a reverência dos jovens pelos mais velhos e a obediência aos pais, que depois ela abordaria em seus livros.

Quando Lucília fez 6 anos e seu primo Rui, 7, chegando à idade de aprender a ler, seu pai contratou uma professora recém-formada para morar na fazenda. Iolanda foi convidada a participar das aulas. Dona Odete Tormim tinha 18 anos e era filha de um fazendeiro que perdera suas terras com a crise. Logo passou a ser amiga e confidente das meninas. Depois das aulas, saíam para passear a cavalo pela fazenda, paravam para observar os pássaros, ouvir o som da cachoeira ou visitar o pomar.

Nos fins de semana, Odete ia para Sacramento, cidade próxima da fazenda, onde moravam sua família e seu namorado, Paulo Afonso, que trabalhava no Banco do Brasil. Lucília gostava de ouvir as novidades que ela contava sobre o namoro e seus planos de se casar. Ficava imaginando quando chegaria a sua vez de amar tanto alguém assim. Os planos da tutora, porém, quase foram interrompidos por um pedido de casamento inesperado. Um fazendeiro viúvo que fazia negócios com Aguinaldo, pai de Lucília, e visitava sempre Lajeado, pediu a mão de Odete. A condição financeira dele seria de grande ajuda para a família da professora e lhe garantiria um futuro tranquilo. Ela, entretanto, preferiu ser fiel a seus sentimentos e manteve-se firme em seu plano, casando-se com Paulo Afonso quando ele foi promovido a gerente do banco.

Muitos anos depois, quando Lucília já estava casada, ela foi com o marido para o Rio de Janeiro pedir um empréstimo que financiaria a substituição das lavouras de café por algodão em uma de suas fazendas. Por coincidência, o responsável pelo crédito agrícola no Banco do Brasil era Paulo Afonso.

Como faria tantas vezes nos anos como escritora, Lucília se inspirou nessa história para escrever um de seus livros. Em

*No verão, a primavera*, a protagonista Isabel casa-se com o fazendeiro Júlio, e o enredo se passa em um dia de verão em que os dois estão no Rio de Janeiro para conseguir um empréstimo que lhes salvaria a fazenda. No banco, Isabel reencontra Conrado, seu antigo namorado, que quando jovem era pobre, boêmio e irresponsável, mas havia prosperado e assumido como diretor da instituição.

### Simplicidade do campo

Os anos em Lajeado despertaram em Lucília o amor pela natureza e pela vida simples do campo, presente em grande parte de seus livros. Muitas das histórias são ambientadas em fazendas e abordam ora a vida dos fazendeiros, ora a dos colonos. Mesmo mais tarde, já como autora consagrada e com uma rotina urbana de trabalho e ligada às artes, ela ainda preferia o campo.

Essa afinidade com o "mato" relaciona-se também com sua origem. A família Junqueira esteve ligada à atividade rural desde que chegou ao Brasil, quando se instalou no sul de Minas Gerais por volta de 1750, com as fazendas Favacho e Campo Alegre. Depois, expandiu-se adquirindo terras, chegando ao noroeste de São Paulo. Nesses dois estados, a família foi pioneira na criação de cavalos da raça manga-larga, que Lucília cita em seu primeiro livro publicado, *Rei do mundo*. Nele, um dos personagens explica seu conhecimento em cavalos dizendo que "trabalhou para a Junqueirada".

A própria Lucília teve um manga-larga branco quando criança, chamado Raio de Luar. Quando Aguinaldo, seu pai, quis comprar outros três cavalos, recorreu ao tio, o coronel Francisco Orlando Diniz Junqueira, que fundara a cidade de Orlândia, em São Paulo. Francisco não quis lhe vender os animais e enviou os mangas-largas de presente para os sobrinhos Luiz Felipe, Aguinaldo e Rui. Sem sentir as amarguras que os adultos enfrentavam com a crise nos preços do café, quase todas as tardes as crianças saíam para galopar. Iolanda os acompanhava montando um pangaré chamado Arroz Doce.

## Reveses da vida

A Revolução Constitucionalista trouxe mais preocupação à família. O estado de São Paulo se revoltou contra o Governo Provisório de Getúlio Vargas e reivindicava uma nova constituição e novas eleições presidenciais. Em maio de 1932, manifestações na capital paulista foram confrontadas pela polícia e resultaram na morte de quatro estudantes, Miragaia, Martins, Dráusio e Camargo, o MMDC, o que deu força ao movimento. Em 9 de julho daquele ano, começaram os conflitos contra as tropas de Vargas, com o apoio da população de todo o estado. Quatro irmãos de Aguinaldo e dois de Matilde alistaram-se contra o presidente.

O confronto pegou muita gente de surpresa e mudou a rotina da fazenda. Quase todas as noites, Aguinaldo ajudava paulistas a fugirem de Minas Gerais atravessando o Rio Grande de madrugada. Circulava a informação de que seriam mortos aqueles que fossem encontrados em Minas Gerais. Ele os abrigava e levava até um barqueiro, pago pelos fazendeiros de São Paulo, que recebiam os conterrâneos do outro lado do rio. Embora nascido em Minas, Aguinaldo sentia ter o "coração paulista", pois vivera a maior parte do tempo em Santos. Foi um período difícil para a família, dividida entre os dois estados.

Após o fim do confronto, Matilde recebeu um telegrama informando a morte de um de seus irmãos, Pérsio. Atingido por estilhaços de granada, morreu aos 26 anos por hemorragia durante uma cirurgia para amputar uma perna. Matilde ficou inconsolável; não parava de chorar e lamentar a perda do irmão, que nunca quisera combater e se alistara a mando do pai. Todos na fazenda tentavam ampará-la, mas sem sucesso. O episódio marcou a infância de Lucília. Foi seu terceiro encontro com a morte, depois da do avô e de um colono japonês da fazenda que se matara, apaixonado por uma brasileira e impedido pelos pais de se casar. Além disso, tio Persito, como ela o chamava, era o mais querido e próximo dela.

A cultura do café não voltou a ser como era antes da crise de 29. Os preços no mercado internacional continuavam muito baixos, mesmo com a queima do excedente promovida por ordem do governo federal, na tentativa de aumentá-los. A fazenda precisou diversificar a produção para poder dar lucro. Aguinaldo e Taro resolveram plantar arroz, assim como diversas propriedades da região. Para completar a renda, Matilde vendia as frutas do pomar na cidade e fazia doces em calda, goiabadas e bananadas, que também eram vendidos. A fazenda também produzia alimentos derivados do leite, como a manteiga Conquista, que ficou conhecida no Triângulo Mineiro e pagou os estudos de Cleonice, irmã mais nova de Aguinaldo e apenas sete anos mais velha que Lucília.

A produção de arroz se mostrou uma aposta acertada. Prosperou com as chuvas do início da década de 1930. Com a renda proporcionada pela safra, os irmãos de Aguinaldo conseguiram terminar os estudos e as irmãs puderam se casar. Ainda assim, os rendimentos não eram como na época do café. Ao mesmo tempo, Lucília e Rui chegavam à idade de se preparar para o ginásio, e Aguinaldo começou a pensar em voltar para a cidade. A professora Odete havia se casado. Apesar da origem agrícola da família Junqueira, o pai de Lucília era advogado e só assumiu a Lajeado por obrigação, por causa da morte do pai. Assim, em 1934, com a concordância de sua mãe, Cornélia, aceitou a proposta de um fazendeiro de Conquista e vendeu a fazenda por um valor considerado razoável.

Aos 10 anos, Lucília voltou a morar em São Paulo. Taro, Missayo e os filhos mudaram-se para Araguari, em Minas Gerais. Compraram um bar ao lado de um cinema, o Café Central, onde os filhos homens mais velhos trabalhavam, se revezando para estudar. Os filhos mais novos, como Iolanda, também continuaram os estudos na cidade. A separação das famílias não interrompeu a amizade das meninas, que mantiveram contato por cartas que trocaram durante toda a vida. Na capital paulista, Lucília foi matriculada no colégio das cônegas de Santo Agostinho, o mesmo onde estudara sua tia Cleonice, o Des Oiseaux, inaugurado em 1907 e conhecido como o melhor da cidade, para onde os fazendeiros de café mandavam suas filhas. Os degraus das escadas do colégio eram decorados com vasos de avencas e samambaias plantadas pelas freiras nas grandes latas vermelhas da manteiga Conquista.

Lucília estava animada com os estudos e com as novas amizades que esperava fazer no ginásio. A troca de cartas com Iolanda e com a professora Odete a mantinha ligada às memórias da fazenda. Os anos em Lajeado marcaram sua vida, e ela nunca deixou de sonhar com a vida no campo.

# Juventude

Os primeiros sinais da inclinação de Lucília para a escrita apareceram nas salas do prédio *art nouveau*, projetado pelo arquiteto francês Victor Dubugras, onde funcionava o Des Oiseaux, em São Paulo. Foi nas aulas de Literatura do professor José Adelino d'Azevedo, durante os cinco anos de ginásio, que equivale ao atual Ensino Fundamental II, que ela percebeu sua habilidade com as palavras – muito maior do que com as operações matemáticas. Suas redações eram sempre as melhores da classe e impressionavam o professor português. Ele foi seu principal incentivador, ensinando-a a "trabalhar a palavra", como dizia. Guiou-a no ofício de escrever, ler e reler o que escreveu, dedicando tempo e atenção para compor cada frase.

Lucília assistia às aulas com entusiasmo. Os dias mais especiais eram aqueles em que José Adelino a convidava para subir no estrado, à frente da sala, para ler em voz alta sua redação para as colegas. Quando Lucília terminava, ouvia-o dizer com seu sotaque e em meio a cumprimentos pelo trabalho: "A m'nina vai ser escritora".

Os elogios deram força à aptidão que ela já pressentia. Quando aprendeu as primeiras letras com a professora Odete, em Lajeado, encantou-se com a escrita e com os livros. Imaginava que poderia ser escritora, mesmo quando sua amiga Iolanda ponderava que esse parecia ser um caminho muito difícil, quase impossível para meninas como elas, criadas no campo. Mas Lucília alimentou esse sonho, junto com o outro, de voltar a morar em fazenda.

## Primeira inspiração

O casarão do colégio, na esquina das ruas Augusta e Caio Prado, tinha também um jardim, que deu origem ao que hoje é o Parque Augusta, com centenas de árvores plantadas pelas freiras, incluindo espécies nativas, como embaúba e ipê-amarelo. Talvez o jardim, que Lucília tanto frequentou, tenha sido inspiração para o conto *O ipê floresce em agosto*, publicado em 1977, mas escrito ainda no colégio. A paixão e a necessidade de escrever a fizeram dar seus primeiros passos como autora, independentemente dos pedidos do professor José Adelino.

Na época, por volta de seus 15 anos, ela pedia às amigas que lessem e opinassem sobre a primeira versão da história. Mesmo sem conhecer as etapas do ofício de escritor, instintivamente Lucília fez das amigas suas leitoras betas, aquelas que leem uma obra em primeira mão, ainda em manuscrito. Muitos anos depois, já experiente e reconhecida no cenário nacional, Lucília reescreveu o conto e o publicou em uma coletânea. A versão com as contribuições dadas por suas amigas no final dos anos 1930, entretanto, perdeu-se no tempo.

A felicidade de compartilhar a história com as amigas e ouvir delas suas opiniões sobre o destino dos personagens era, por vezes, ofuscada pelas dificuldades que Lucília encontrava em casa.

Quando a família deixou Lajeado e se instalou de novo na capital paulista, Aguinaldo assumira o cargo de diretor no Jockey Club de São Paulo. Com os irmãos e irmãs já crescidos e encaminhados, chegara o momento do primogênito dos De Mello Junqueira dedicar-se a sua esposa e aos filhos. Mas não foi exatamente isso que aconteceu. Embora fosse um advogado renomado na cidade, que sabia conduzir os casos com inteligência e perspicácia, era também um boêmio inveterado.

Além de apostar em cavalos, Aguinaldo era frequentador assíduo de clubes e cassinos, que até 1946 eram legalizados no Brasil. Como todo viciado, não tinha limites. A sorte lhe causava euforia e, quando voltava para casa com dinheiro, fazia extravagâncias, comprava presentes caros para Matilde e para os filhos, supérfluos na maioria das vezes. Em noites menos afortunadas, perdia tudo, incluindo a casa em que moravam. A vida da família em São Paulo tornou-se um ciclo permanente de altos e baixos, de fartura e escassez.

Nos períodos de maior dificuldade, Matilde sustentava a família fazendo bijuterias que eram vendidas a uma clientela selecionada. O sobrenome Souza Queiroz, descendente do Barão de Souza Queiroz, lhe guardara relações com a sociedade paulistana que foram valiosas. Mas nem sempre era suficiente, e, muitas vezes, ela tinha que improvisar. Se percebia que havia dinheiro na carteira do marido, pegava para pagar os estudos dos filhos. Quando conseguia, deixava pago o ano inteiro, garantindo que os três continuassem matriculados nos melhores colégios particulares da cidade. Em sua desorganização com as próprias finanças, Aguinaldo nunca deu pela falta do dinheiro.

A instabilidade financeira uniu os irmãos. Certo dia, o pai de Lucília chegou em casa desolado. Perdera tudo, outra vez, e não poderia pagar o curso de Direito de Aguinaldo Filho. O caçula teria que abandonar a faculdade. Lucília já havia terminado o ginásio, mas ainda não tinha se casado. Luiz Felipe, o irmão do meio, que não quisera estudar, era funcionário do Banco Mercantil de São Paulo, que depois foi comprado pelo Bradesco. "Eu vou trabalhar e vou pagar sua formação", disse ao irmão. E assim fez, até o último ano da faculdade de Aguinaldo Filho.

### A vida em conto

Desde cedo, Lucília mostrava tendências para escrever romances com inspiração autobiográfica. Em meio a essa situação problemática causada pelo vício do pai, fez ficção com sua própria realidade. A personagem principal de O *ipê floresce em agosto*, Beatriz, está prestes a decidir com quem se casar. Jovem e de família tradicional, está dividida entre a opção que agradaria a seu pai e aquela que a deixaria mais feliz. O pai, médico, quer que ela escolha Fernando, seu assistente no consultório, mas a moça está apaixonada por Cláudio, galanteador sem formação e viciado em jogo.

Antes de tomar a decisão, Beatriz pede conselhos à sua tia Maria Rosa, casada com um jogador adicto, tio Hélio, que precisava ter duas calças para cada terno. Seus fundilhos estragavam porque ele ficava muito tempo sentado, enquanto o paletó ficava pendurado, intacto, durante o jogo. Na casa de Lucília, acontecia exatamente o mesmo com os ternos de seu pai.

O diálogo entre tia e sobrinha traz reflexões sobre as dificuldades de conviver com uma pessoa que coloca o jogo e a boemia em primeiro lugar. Semelhante à experiência de Matilde, que enfrentou noites de angústia com três crianças em casa e o marido na rua, sem ter hora para voltar. E, assim como Aguinaldo, tio Hélio é descrito como um homem sedutor, capaz de proporcionar muita felicidade à esposa e às filhas, mas também de causar decepções. Por isso, a tia define para a sobrinha: "Meu casamento tem sido como esses ipês – a mais linda floração no mais feio dos meses, pois, como você vê, Beatriz, o ipê floresce em agosto".

### Primeiro amor

No Des Oiseaux, além da educação formal do ginásio, Lucília teve aulas de canto, atividades manuais, como bordado, tricô e crochê e boas maneiras, imprescindíveis para as moças da elite da época. O casamento ainda era prioridade para as jovens, embora muitas mulheres já estivessem no mercado de trabalho na entrada da década de 1940.

Aos 18 anos, a beleza de Lucília chamava a atenção e despertava o interesse dos jovens. Entre suas amigas há uma história famosa, mas que nunca foi confirmada, de que ela teria atraído os olhares de André Matarazzo durante um passeio pelo centro de São Paulo. Ele era descendente da família de industriais ítalo-brasileiros e, anos depois, casou-se com a cantora Maysa. A paquera, que causaria inveja a outras jovens de então, não teria despertado seu interesse.

Também não foram adiante os cortejos que Lucília recebia nos bailes e festas que frequentava. Não levava a sério as investidas dos rapazes que a tiravam para dançar. Sua personalidade romântica procurava o par perfeito, alguém que ela pudesse amar como a professora Odete amava Paulo Afonso. Encontrou, pela primeira vez, esse sentimento em João Roberto Suplicy Hafers, ou Jua Hafers, como era chamado.

Os dois se conheceram em uma festa na Sociedade Harmonia de Tênis, tradicional clube paulistano fundado em 1930. Jua era filho de um comerciante de café da praça de Santos e, na adolescência, fora um dos precursores do surfe no Brasil, ao seguir os passos do americano Thomas Ernest Rittscher Junior, que construíra a primeira prancha no país.

Lucília e Jua tinham o mesmo grupo de amigos, todos do Harmonia, e passaram a se encontrar com regularidade. Certa noite, em uma festa no apartamento de um desses amigos, no centro de São Paulo, Jua chamou Lucília até a varanda. Precisava lhe contar que se alistara na Força Aérea Brasileira e partiria em breve para combater na Segunda Guerra Mundial, que havia estourado em 1939. Apaixonados, os jovens juraram esperar um pelo outro para se casarem quando ele voltasse.

Com Jua na guerra, Lucília seguiu seus estudos de Literatura e Letras na Aliança Francesa e na Cultura Inglesa, onde se matriculou quando terminou o ginásio. Preparava-se para ser escritora, depois que se casasse e tivesse sua família completa. O tempo e a distância, porém, separaram o jovem casal.

**Amor para toda a vida**

Nos cursos de Literatura, Lucília conheceu Madalena, que era de família de fazendeiros da região de Orlândia, na Alta Mogiana, interior de São Paulo. Madalena a convidava regularmente para passar férias ou fins de semana na fazenda de seus pais. Em uma dessas viagens, as duas amigas foram a uma festa de inauguração de um ginásio de esportes em Ribeirão Preto, cidade próxima a Orlândia. Foi quando Lucília conheceu Arnaldo de Almeida Prado, primo de Madalena, também fazendeiro. Como muitos proprietários rurais da época, ele tinha uma vida simples no campo, sem luxo ou desperdícios.

Lucília e Arnaldo não sabiam, mas eram primos distantes. Tinham em comum o tataravô, Francisco Antônio Junqueira. Na divisão das fazendas entre seus filhos, o bisavô de Arnaldo, Francisco Marcolino Diniz Junqueira, ficou com a fazenda Invernada, no estado de São Paulo, e João Francisco Diniz Junqueira, bisavô de Lucília, ficou com a fazenda Melancias, no Triângulo Mineiro.

Marcolino e João Francisco eram também irmãos do coronel Francisco Orlando – o mesmo que presenteara os irmãos de Lucília na infância com os cavalos mangas-largas. E, mesmo com essa proximidade, os primos nunca haviam se encontrado antes.

Arnaldo também tinha relações com o campo pelo lado do pai, Sebastião de Almeida Prado, o Nhonhô, de família de proprietários rurais em Itu, interior de São Paulo. No final do século XIX, a família de Nhonhô fora uma das primeiras a se dirigir ao noroeste paulista, para se dedicar à cafeicultura. A região da Alta Mogiana era reconhecida pela qualidade de seu café e por ser povoada por mineiros, muitos do sul de Minas, como a família Junqueira.

Muito antes de Lucília e Arnaldo se conhecerem, a geração de Nhonhô já havia unido em casamento as famílias Junqueira e Almeida Prado. De seus cinco irmãos, quatro haviam se casado com integrantes da família Junqueira, além do próprio Nhonhô, que se casara com Elza Junqueira, que se tornou Elza Junqueira de Almeida Prado, a Zizi, mãe de Arnaldo.

**Realizar sonhos**

Logo que se conheceram, Arnaldo se apaixonou por Lucília. Ela queria manter a promessa que fizera a Jua, mas tinha cada vez menos notícias sobre seu paradeiro ou retorno ao Brasil. Resolveu não desprezar o interesse de Arnaldo, pois ele se encaixava em seu antigo sonho de se casar com um fazendeiro para voltar a morar no campo. Começaram a namorar a distância, ela em São Paulo e ele em Orlândia, visitando-se nos fins de semana. Aos poucos, o sentimento de Lucília por Arnaldo foi se transformando em amor romântico.

Na família, o vício do pai continuava a trazer amarguras. Luiz Felipe estava empregado, o que ajudava nas despesas, mas pagar a faculdade do irmão estava pesando no orçamento. Matilde não conseguia garantir segurança financeira com a venda das bijuterias. Lucília seguia seus estudos de Literatura, mas não tinha uma perspectiva concreta de trabalhar para contribuir com a renda. Parecia um momento conveniente para se casar. Deixaria de ser um peso para a família, ao mesmo tempo começaria a realizar seus sonhos.

Acertaram o casamento para julho do mesmo ano, 1943. Uma das primeiras a saber da novidade foi Iolanda, para quem Lucília escreveu contando que deixaria os estudos incompletos, mas não abandonaria o plano de ser escritora. De Araguari, a amiga, que também já pensava em se casar, respondeu comemorando a primeira conquista de Lucília e começou a acreditar que ela conseguiria realizar seus dois sonhos.

Seria uma cerimônia simples, apenas para os pais e irmãos. O pai da noiva deveria pagar as despesas, como era o costume, mas ele estava em fase de má sorte, portanto sem condições de arcar com uma festa. Mal havia para fazer o enxoval: Lucília ganhou de primas muito ricas as roupas de cama, mesa e banho que usaria no início do casamento, além do vestido de noiva.

Para piorar, pouco antes da data marcada, Aguinaldo perdeu a casa onde a família morava e eles precisavam desocupar o imóvel. Com seu talento para negociação, apelou para o sentimentalismo, usando as bodas da primeira filha como motivo para postergar a entrega. Mas a data ficou marcada. No dia seguinte ao do casamento, Aguinaldo, Matilde e os irmãos de Lucília deveriam sair.

Com o casamento, Lucília realizava o sonho de morar em uma fazenda outra vez. Fazia planos de construir uma família, o que era sua vontade genuína, mas também atendia às expectativas da sociedade para mulheres daquela época. Queria uma família grande, com muitos filhos.

Assim que se casaram, mudaram-se para a fazenda Mosquito, que era do pai de Arnaldo, seu Nhonhô, e ficava a dois quilômetros de Orlândia. Tinha esse nome, que Lucília achava engraçado, porque ficava perto do córrego Mosquito. No mais, era uma fazenda como ela já conhecia. A diferença é que ela era a dona da casa e deveria dar as ordens aos empregados, como eram chamados, na época, aqueles que trabalhavam nas fazendas, na sede ou no campo. A formação no Des Oiseaux não a deixou em apuros. Com maestria, Lucília cuidava da casa, visitava os colonos, acompanhava a rotina de Arnaldo. Parecia uma jovem esposa dona de casa, comum e tradicional, como muitas eram entre as famílias de fazendeiros do interior do estado.

Internamente, porém, alimentava o sonho de ser escritora e de fazer sua carreira. Lucília tinha exemplos na família de que não era preciso seguir os padrões ditados pela sociedade. Duas de suas tias por parte de mãe eram solteiras e trabalhavam. Santa era funcionária pública e Maria Estela, enfermeira. Da família do pai, uma de suas quatro tias, Lygia Junqueira Smith, era escritora e tradutora, apesar de não terem tido convivência. Apenas dezoito anos mais velha que Lucília, Lygia destacou-se pela tradução para a língua portuguesa de mais de cinquenta obras. Entre elas, algumas de autores consagrados, como O retrato de Dorian Gray, de Oscar Wilde, Suave é a noite, de F. Scott Fitzgerald, e vários livros do britânico Arthur Conan Doyle, criador do detetive Sherlock Holmes.

Mas, para Lucília, casar-se e ter filhos também era importante. Um sonho não seria realizado sem o outro. Lucília sabia que a interrupção nos estudos era apenas uma pausa e não perdeu tempo: terminada a lua de mel, o primeiro filho já estava a caminho.

# Cuidar da família

Com a mudança para a fazenda Mosquito, em Orlândia, a 360 quilômetros de São Paulo, Lucília retornou à simplicidade da vida no campo. Ficou distante de sua família, mas ganhou novas companhias. Seus sogros moravam na fazenda vizinha, Santa Elza, a cerca de 25 quilômetros a oeste, no município de Morro Agudo. Arnaldo, com pouco mais de 23 anos, administrava as fazendas da família com o pai. Lucília ficava em casa, preparando-se para a chegada do primeiro filho. O plano era ter o bebê em São Paulo, na Maternidade Condessa Filomena Matarazzo, inaugurada no ano anterior, na Bela Vista, onde hoje está instalado um complexo de luxo, com o primeiro hotel seis estrelas do Brasil. Para surpresa do jovem casal, entretanto, o bebê veio prematuro, com apenas sete meses de gestação, em março de 1944.

O médico, doutor Clodomiro, foi chamado às pressas em Orlândia. O bebê nasceu bem, mas muito pequeno e fraco. Doutor Clodomiro não acreditava que a criança sobreviveria, o que não era raro naquela época, especialmente nas fazendas. Por esse motivo, Lucília e Arnaldo chamaram o padre para batizar o bebê em casa, o mais rápido possível. Matilde e Aguinaldo, pais de Lucília, vieram de São Paulo para serem os padrinhos do primeiro neto, Aloísio. Lucília foi rápida ao escolher o nome, para que não fosse batizado Arnaldo ou Sebastião, como o marido ou o sogro. Ela não queria repetir os nomes, como é tradição em muitas famílias, inclusive na sua própria, em que seu irmão mais novo tinha o nome do pai.

Sem dar ouvidos às previsões médicas, seu Chico, jardineiro experiente da fazenda, acolheu o recém-nascido. No dia do parto, entre mulheres alvoroçadas carregando panos para dentro e para fora do quarto, o teimoso andaluz subiu e desceu as escadas da casa incontáveis vezes, levando bolsas de água quente. Para os dias seguintes, improvisou uma incubadora com uma caixa de sapatos, acolchoada com algodão, que ele esquentava usando tijolos, sempre à mesma temperatura, vindos direto do fogão a lenha.

Tanto cuidado talvez viesse da dor que o jardineiro e sua esposa, Joana, também espanhola, traziam de sua própria vivência. Os dois únicos filhos que tiveram haviam morrido ainda crianças. Os imigrantes analfabetos transportaram para a família dos patrões todo o afeto que teriam dedicado aos filhos. A inexperiente Lucília acompanhava comovida a dedicação do casal, temendo pela vida do primeiro filho. Tentava preparar-se para o pior, ao mesmo tempo que nutria a esperança de que tudo corresse bem.

Os dias de intenso cuidado foram passando e, contrariando as expectativas, o bebê vingou. Lucília finalmente se tranquilizou. Para comemorar, seu Chico plantou um *flamboyant* nos fundos da casa. Sob a copa da árvore, anos depois, Aloísio se sentaria com ele, diariamente após o jantar, para ouvir suas histórias. A amizade que tinha com o primogênito, seu Chico também desenvolveu com Lucília. Por vezes os dois passavam horas na horta cuidando dos canteiros, medindo com fita métrica o espaçamento entre as plantações.

**Família crescendo**

Quando Aloísio tinha quase três anos, Lucília engravidou novamente. Aproximando-se a data prevista para o nascimento, ela foi para São Paulo e hospedou-se na casa da mãe. Dessa vez, tudo correu como planejado. Quando as dores do trabalho de parto começaram, foram para a Maternidade Condessa Filomena Matarazzo, e Ricardo nasceu no tempo adequado. Mais uma vez, Lucília conseguiu escolher o nome, antes que houvesse na família mais um Arnaldo ou Sebastião.

Seis anos depois, quando o terceiro filho nasceu, ela não conseguiu evitar a repetição, e o menino foi registrado Arnaldo de

Almeida Prado Filho. O nome, porém, nunca pegou. Desde pequeno, foi chamado de Papu por toda a família. O apelido surgiu no dia em que disse sua primeira palavra. Todas as manhãs, ele acompanhava seu Chico nos cuidados com as gaiolas de canário que o jardineiro mantinha. Enquanto o funcionário limpava, trocava a água e a comida dos canários, o menino se distraía observando aquele ritual. Certo dia disse "papu", apontando uma gaiola, querendo dizer passarinho.

No nascimento do quarto filho, Lucília levou mais um susto. Outro bebê de sete meses. Por sorte, dessa vez ela estava em São Paulo, a passeio na casa da mãe. Conseguiu chegar à Maternidade São Paulo, na região da Avenida Paulista, a tempo de ter o bebê em segurança. Outra vez, porém, não conseguiu escolher o nome, e o filho foi batizado Sebastião de Almeida Prado Neto, em homenagem ao avô paterno. Mas seu nome também não pegou, e Sebastião sempre foi chamado de Neto.

### Amizade com Isabel

Após cerca de dez anos morando na Mosquito, Lucília e Arnaldo precisaram deixar a fazenda de que ela tanto gostava. A mudança foi provocada pelo falecimento precoce de dona Zizi, mãe de Arnaldo, que sofreu um infarto. Com isso, foi feita a partilha dos bens entre os oito filhos do casal. No sorteio das fazendas, a Mosquito foi para a irmã de Arnaldo, Lúcia, e ele ficou com a Santa Elza, onde Zizi e Nhonhô moravam até então. Seu Chico e Joana continuaram na Mosquito. Depois de um tempo, como já eram idosos, Lucília e Arnaldo os levaram para morar em Orlândia, onde tinham uma casa.

Seu Nhonhô, agora viúvo, esperou terminar a construção de sua casa nova na fazenda Lagarto Verde, em Orlândia, para onde se mudou depois de pouco mais de um ano. Foram com ele o caseiro Alcides e sua esposa, Filhinha, que era também a cozinheira. Para substituí-los na Santa Elza, Lucília e Arnaldo contrataram Isabel e seu marido, Antonio, que já trabalhavam com dona Zizi e seu Nhonhô. Eles passaram a morar com a única filha, Agna, que tinha acabado de nascer, na casa que ficava no quintal da sede da fazenda.

Isabel deveria assumir a cozinha e estava preocupada com a nova função. Vivendo na Santa Elza desde que nascera, aos 20 anos nunca trabalhara como cozinheira. A nova patroa a tranquilizou: "Nós temos as receitas". Lucília ficara com uma cópia do livro de receitas de dona Zizi, que Filhinha havia deixado para ela. Nas primeiras semanas, todos os dias, Lucília ia para a cozinha pela manhã com o livro de receitas. Sentava-se sobre a bancada da lateral do fogão a lenha, revestida de azulejos, e orientava Isabel sobre como preparar os pratos que ela própria nunca havia aprendido a fazer. Começou assim uma relação de confiança e amizade para toda a vida.

Certo dia, Isabel precisou de dinheiro para fazer um procedimento médico em Ribeirão Preto e pediu um adiantamento. Lucília quis saber qual era o procedimento e Isabel disse a verdade. Estava grávida e não queria ter mais filhos além de Toco, apelido que Agna levou por toda a vida. Sua tia que morava na cidade a levaria a um médico conhecido por realizar abortos. Lucília percebeu sua tristeza e tentou fazê-la mudar de ideia, afinal, era jovem e tinha apenas uma filha. Em vão. Isabel chegou a ser ríspida: "Se não quiser me dar o dinheiro, fale logo. Mas eu vou tirar de qualquer jeito".

Desapontada, Lucília não insistiu, mas também não lhe deu o dinheiro. Antes de ir se deitar, perguntou quando Isabel iria para a cidade. "Amanhã." Foi dormir preocupada, com medo do que ela poderia fazer para provocar um aborto sem uma assistência adequada. Quando se levantou, antes mesmo de se trocar, Lucília levou à cozinheira o cheque para pagar o médico. Mas tentou mais uma vez convencê-la a não tirar o bebê. Apostou que seria um menino e ficou imaginando a companhia que ele faria a Toco, a alegria que traria para a família. Usou todo o seu estoque de argumentos católicos ou sentimentais para fazê-la desistir. Por fim, disse que Isabel poderia dar-lhe o filho que ela o criaria como se fosse seu.

Funcionou. Com tudo agendado e a tia esperando-a em Ribeirão Preto, Isabel desistiu. Chorando, explicou à patroa que queria abortar por causa dos enjoos, que, na gestação de sua primeira filha, teve durante mais de seis meses. Ela já vinha passando mal com o cheiro dos temperos da comida. Não conseguiria trabalhar na cozinha se estivesse grávida. Lucília resolveu o problema: folga de seis meses ou enquanto tivesse enjoo. Nesse tempo, a irmã de Isabel cozinharia.

Depois de uma gravidez tranquila, Isabel deu à luz Toninho, quatro anos mais novo que Toco. No nascimento, Lucília foi para São Paulo com os filhos pequenos para deixar a casa vazia e dar mais tranquilidade a Isabel, até que ela se acostumasse com a rotina do novo bebê. Acompanhou o crescimento dos filhos de Isabel e ajudava sempre que via uma oportunidade, como fez com Toninho, pagando as mensalidades da faculdade para que ele se formasse engenheiro civil.

**Sogro presente**

A Santa Elza foi a fazenda onde Lucília morou por mais tempo e onde nasceu seu quinto filho. Ainda na gravidez, ela se antecipou e escolheu o nome Bernardo, para o caso de ser menino, e Catarina, para menina. Inspirou-se em Bernardo O'Higgins, o herói da independência do Chile, e em Catarina, a Grande, poderosa imperatriz russa do século XVIII. Ela não contava, porém, com a peça que seu sogro lhe pregaria.

Certa noite, em uma conversa na varanda com dona Leopoldina, professora da escolinha da fazenda, ela comentou sobre a escolha dos nomes. Seu Nhonhô, que ainda morava com eles, estava deitado na rede, ouviu, mas não se manifestou. Um tempo depois, chegou à fazenda com dois cachorros, que levaria para a Lagarto Verde, um macho e uma fêmea, com os nomes de Bernardo e Catarina.

Mesmo estarrecida, Lucília não brigou. Conhecendo o perfil autoritário do sogro, sabia que não adiantaria reclamar de sua intromissão. Talvez fosse até pior. Arnaldo considerou o episódio uma brincadeira e não se atreveu a tocar no assunto com o pai. O recado foi entendido, restando ao casal repetir mais uma vez um nome na família. Desta vez, em homenagem ao avô materno, chamaram o caçula de Aguinaldo, nome também inspirado em personagem histórico. Em 1899, ano de nascimento do pai de Lucília, as Filipinas declararam-se uma nova república, independente da Espanha e dos Estados Unidos; o país era liderado pelo revolucionário Emilio Aguinaldo. Gabriel

Orlando, o avô de Lucília, queria dar ao filho um nome inédito, que fosse diferente de todos os que ele já conhecia, e escolheu esse quando leu sobre a independência filipina no jornal.

Entre os nascimentos dos cinco filhos, Lucília ainda teve outras duas gestações que não chegaram ao fim, ao longo de quase quinze anos. Perdeu um bebê perto de nascer, aos oito meses, que não tinha se virado na barriga, e sofreu um aborto de gêmeos. Todos eram meninos. Ela nunca disse estar decepcionada por não ter tido uma menina, mas quem era próximo percebia sua expectativa a cada gestação.

Com cinco filhos, cada um em uma fase de desenvolvimento diferente, a vida de Lucília ficou bastante agitada. Mesmo assim, ela conseguia dedicar-se à fazenda. A Santa Elza tinha um pomar muito grande, do qual ela cuidava com esmero. Certo dia, resolveu fazer uma horta em um terreno que estava tomado por tiririca, uma espécie de mato difícil de exterminar. Para acabar com a praga sem agrotóxico, Lucília aprendeu que precisava cavar buracos de mais de um metro de profundidade e arrancar os bulbos subterrâneos da planta.

Durante mais de um ano ela cuidou do terreno, mandando perfurar e limpar os locais onde a planta nascia, até conseguir limpar a área. Ela passava muitas horas por dia com o hortelão, analisando o terreno, decidindo onde cavar, onde plantar, até que a horta prosperou e ficou como ela queria. Para ter esse tempo disponível, Lucília tinha o apoio de babás, que cuidavam dos menores, como Isabel, que antes de ser cozinheira cuidou do caçula Aguinaldo. Havia também Caito, que chegara à Santa Elza como ajudante na farmácia. Quando o farmacêutico morreu, Caito estava familiarizado com a função e o substituiu até acabarem os estoques de remédio. Nos períodos em que a farmácia estava vazia, ou quando Lucília chamava, ele dirigia para ela.

### Filhos no internato

Apesar da grande família que Lucília e Arnaldo formaram, os cinco filhos nunca moraram todos juntos na mesma casa. No mesmo ano da mudança para a Santa Elza, o mesmo em que Aguinaldo nasceu, Aloísio, o mais velho, então com 10 anos, foi morar com os avós maternos para completar os estudos na capital do estado. Deram a ele a oportunidade de escolher o colégio, entre três opções: o Rio Branco, que seu pai, Arnaldo, frequentara, o São Luiz, no qual tinha primos estudando, e o Dante Alighieri, que diziam ser o melhor e que Aloísio acabou escolhendo.

Naquela época, era comum famílias que tinham boas condições financeiras enviarem os filhos desde muito cedo para internatos particulares, especialmente em São Paulo, onde ficavam os melhores colégios. Lucília também contava com o conforto de ter os pais morando na cidade, o que lhe dava segurança no caso de qualquer emergência. Assim, não foi uma decisão difícil enviar os filhos, depois de terem cursado no interior os quatro anos do Grupo Escolar, que seria o Ensino Fundamental I de hoje.

Matilde e Aguinaldo viviam em uma casa na Rua Barão de Capanema, travessa da Avenida Nove de Julho, em São Paulo, alugada por Arnaldo. Desde que se casara, Lucília passou a ajudar os pais, a começar pela moradia, já que Aguinaldo perdera a sua e a entregara no dia seguinte ao do casamento da filha, como havia prometido. Matilde chegou a passar um tempo na fazenda com os recém-casados, enquanto Aguinaldo, Luiz Felipe e o outro irmão de Lucília, Aguinaldo Filho, hospedaram-se em uma pensão.

Quando Aloísio se mudou para a casa dos avós, em 1954, eles já estavam acostumados à nova realidade. Ainda em situação financeira delicada, tinham segurança de que não perderiam a casa e recebiam regularmente mantimentos que Lucília trazia da fazenda. Aguinaldo continuava sem emprego, ainda se envolvendo com jogos e apostas, passando noites fora de casa. Quase sempre, pela manhã, esperando o ônibus que o levaria para o Colégio Dante Alighieri, Aloísio deparava-se com o avô voltando para casa de táxi. Algumas dessas vezes, assim que via Aloísio, Aguinaldo enfiava a mão no bolso da calça, de onde tirava um punhado de notas de dinheiro amassadas e entregava ao neto como agrado.

Três anos depois, Ricardo chegou à idade de frequentar o ginásio. Dessa vez, porém, Lucília quis poupar seus pais, preocupada com a saúde de Aguinaldo, que se deteriorava com seus excessos. Havia alguns anos ele convivia com asma e, posteriormente, desenvolvera um enfisema pulmonar. Assim, os dois meninos foram matriculados no internato do Colégio Arquidiocesano, administrado por padres maristas na Vila Mariana, e passariam apenas os fins de semana na casa dos avós.

No domingo do primeiro fim de semana após o início das aulas, Lucília recebeu um telefonema de Matilde. Percebendo a tristeza de Aloísio, Matilde preferia que ele voltasse a morar com ela e Aguinaldo, como antes. O neto, claramente, não se adaptara à rotina regrada, fechado dentro do colégio, cumprindo horários rígidos, intercalando aulas e rezas. Estava acostumado com a rua, o caminho para a escola, os passeios com o avô ou sua companhia em casa, ouvindo pelo rádio as corridas de cavalos.

Lucília entendia a dificuldade do filho, mas não achava justo com Ricardo. Por isso, insistia com a mãe para que os dois ficassem no Arquidiocesano. Seu Nhonhô, que estava perto e escutava a conversa da nora ao telefone, intercedeu e sentenciou, como de costume, que o neto ficasse no internato. Arnaldo concordou com a decisão do pai. Conhecendo os dois filhos, Lucília ficou com o coração apertado e dividido. Aloísio já estava acostumado com a casa dos avós e era natural que o internato pesasse mais para ele do que para Ricardo. Sem muita certeza, não discutiu com o sogro e esperou o tempo passar. Não precisou esperar muito.

**Arroubos de Arnaldo**

Um imprevisto mudou a rigidez com a educação dos meninos. Naquela mesma semana, Arnaldo e seu Nhonhô foram a uma fazenda próxima de Viradouro, perto de Orlândia. O carro em que viajavam quebrou e Arnaldo machucou gravemente a mão tentando recolocar uma correia no lugar. Perdeu a ponta de um dos dedos e precisou de uma cirurgia, que o deixou internado por dois dias na Santa Casa de Ribeirão Preto.

De São Paulo, Matilde continuava investindo em argumentos para que Aloísio saísse do internato. Cedendo aos apelos da mãe, Lucília retomou o assunto com Arnaldo. A dor intensa e constante da cirurgia somada à mudança de planos o deixavam transtornado.

O fato de estar trancado em um quarto de hospital completava o cenário perfeito para suas já conhecidas reações explosivas. "Façam o que quiserem", esbravejou.

Acostumada a encontrar brechas nos arroubos do marido, Lucília considerou a questão resolvida. Sabia equilibrar os altos e baixos do humor de Arnaldo. Avisou Matilde, que imediatamente cuidou dos trâmites para a transferência do neto de volta para o Dante Alighieri. Ricardo, entretanto, continuou no internato.

Quando Papu chegou à idade de ingressar no ginásio, também foi matriculado no internato. Nessa época, o pai de Lucília já havia morrido em decorrência do enfisema e Matilde havia se mudado, com Aloísio, para a Rua Nevada, que depois passou a se chamar Taufik Camasmie, uma travessa da Rua Groenlândia. Era uma via curta e estreita, onde os carros podiam estacionar apenas de um lado, bastante parecida com a que Lucília descreve no livro *Uma rua como aquela*, pelo qual receberia o prêmio Jabuti anos mais tarde.

A experiência de Aloísio facilitara o caminho de saída do internato, mas as condições em São Paulo já não eram as mesmas. Por alguns anos, Lucília tentou manter Papu no internato, mas ele acabou terminando os estudos junto com os irmãos mais novos, em Ribeirão Preto. Lucília e Arnaldo valorizavam muito a educação formal, mas reconheceram que Papu não gostava de estudar e o deixaram escolher seu caminho. Foi o único dos cinco que não fez faculdade, o que não lhe fez falta na vida adulta, na administração das fazendas.

Mesmo de longe, Lucília acompanhava o desempenho dos filhos, auxiliando-os na medida em que precisavam. No caso de Aloísio, que não estava no internato, ela ainda conseguia acompanhá-lo no período de provas, quando passava o mês em São Paulo, ajudando-o a estudar. Também participou da formação dos mais novos, dando aulas de reforço de História e Geografia. Nas férias, se fosse preciso, contratava professores particulares e acompanhava o andamento das aulas, o desempenho dos filhos. Assim, ajudava os meninos e contrabalanceava a postura austera de Arnaldo, que exigia dedicação e cobrava resultados dos filhos na escola.

### Férias na fazenda

Nas férias escolares, a Santa Elza parecia uma colônia, cheia de crianças e adolescentes, com idades entre 6 e 18 anos. Além dos cinco meninos de Lucília, havia os três filhos de seu irmão Aguinaldo, Odilon, Paulo e Fábio; mais os dois de Luiz Felipe, José Luiz e Alexandre. As três sobrinhas, Liliana e Roberta, de Luiz Felipe, e Beatriz, de Aguinaldo, também iam e se juntavam a Toco, filha da cozinheira Isabel. Aloísio e Ricardo, que eram os mais velhos e não tinham primos da mesma idade, levavam amigos que também se hospedavam na fazenda. Só ficavam de fora as caçulas Thays e Lilia, que eram bebês e ainda estavam na barra da saia de suas mães, as cunhadas de Lucília.

Assim que chegavam, na primeira manhã de férias, iam com Arnaldo até a cocheira. Antes, porém, bebiam o copo de leite que as cozinheiras deixavam preparado na beirada do fogão a lenha: quinze copos em linha, um para cada criança. Na cocheira, Arnaldo entregava para cada um deles um cavalo para ser seu durante as férias, como se fossem os donos. Todos vibravam, passavam horas cavalgando, se aventurando no mato ou visitando fazendas vizinhas, de familiares, onde eram recebidos com sucos e bolos. Voltavam no horário do almoço, quando era servido um verdadeiro banquete, com mais de uma opção de carne, ovos, tortinhas de queijo, batata frita e todo tipo de comida que agradava às crianças. À tarde, montavam de novo nos cavalos e iam para Morro Agudo, passear na cidade. Faziam tudo sozinhos, sem adultos. Lucília ficava na casa, muitas vezes escrevendo e guardando seus escritos na gaveta da cômoda.

A cozinha funcionava como a de um hotel, quase sem parar. Isabel se desdobrava, pois praticamente tudo era produzido na fazenda. Mal terminava de servir o café da manhã e já estava na horta, selecionando com o hortelão, seu Geraldo, o que usaria para preparar o almoço. Para otimizar o tempo, repetia a sobremesa no jantar, mas acabava trabalhando até mais tarde para fazer os pães e biscoitos, além das compotas de frutas. Com tanto serviço, às vezes dormia até mais tarde e era acordada por Lucília batendo na janela de seu quarto. Na animação de ter a casa cheia, só percebia que estava sobrecarregando as funcionárias quando Arnaldo chamava sua atenção. Resolvia rapidamente contratando mais gente para ajudar.

Centro em que tudo acontece em qualquer casa, a cozinha da Santa Elza foi palco de muitas histórias também, especialmente nos dias agitados de férias. Algumas, depois, Lucília levaria para seus livros. Como a vez em que Raposo, o cachorro da raça *boxer* que tinham na fazenda, roubou uma peça de filé-mignon que estava temperada, pronta para ir ao forno. Ao perceber, Isabel saiu gritando da cozinha, pedindo ajuda de quem estivesse por perto. Nesse dia, Lucília e Arnaldo receberiam para o almoço um casal de produtores rurais da região. Um pedreiro, que estava fazendo reparo nos fundos da casa, cercou o cachorro e o fez entregar a peça, que ficou suja de terra e saliva. Isabel lavou a carne e a cozinhou assim mesmo. Na mesa da sala, patrões e convidados elogiaram a comida, sem imaginar o que se passara até o prato ser servido.

Durante muito tempo, o assunto foi segredo entre os empregados. Até que Isabel não aguentou e chamou a patroa para uma conversa particular. Estava nervosa e com medo, mas precisava tirar aquele peso de sua consciência. Para alívio de Isabel, Lucília achou graça na preocupação da cozinheira e riu da situação. Guardou a cena na memória, que, quase uma década depois, descreveu em *Uma rua como aquela*, quando uma das personagens vai receber visita importante em casa.

### Apoio e parceria

Conforme as crianças iam crescendo, as atrações também iam mudando. Os meninos começaram a usar a charrete à noite para ir ao cinema da cidade. Também passaram a frequentar festas em clubes ou na casa de amigos. Na volta, às vezes, ainda jogavam uma ou duas partidas de buraco com Lucília e Arnaldo, que ficavam na sede da fazenda, esperando. Davam autonomia aos adolescentes, que estavam aprendendo a se virar sozinhos.

Quando as meninas já tinham idade para acompanhar os irmãos e primos nos passeios à noite, Lucília dava conselhos sobre roupas e maquiagem. Como na vez em que sugeriu a Liliana que usasse a poeira da estrada como pó de arroz. A sobrinha tinha voltado para casa na carroceria da caminhonete, pela estrada de terra, e estava com o rosto coberto de poeira. "Não tira, já usa de maquiagem", sugeriu Lucília. Liliana se olhou no espelho e também gostou.

A participação de Arnaldo resumia-se a designar os cavalos para os sobrinhos no primeiro dia. No resto do tempo, ele saía para trabalhar, algumas vezes viajava, e o grupo ficava sob a responsabilidade de Lucília. Em meio à algazarra de tanta criança junto com jovens e adolescentes, ela levava tudo com serenidade. Na maior parte do tempo, eram só alegrias e diversão.

Mas ela também enfrentou momentos difíceis, como no dia em que Ricardo perdeu seus dois melhores amigos, Lemos e Antônio Sérgio, em um acidente de avião. Eles estavam indo para a fazenda de um deles no Pará e o avião se chocou com o solo no momento do pouso, na pista da fazenda. Ricardo ficou inconsolável. Além do luto pelos amigos, ficou abalado porque ele poderia estar na aeronave. Desistiu da viagem na última hora, por insistência de Lucília. Em vez de ir para Uberaba, de onde partiu o voo, ficou na Santa Elza com os pais. Em seu lugar, viajou um primo de Lemos.

A notícia chegou à fazenda acompanhada de tensão, porque os amigos de São Paulo achavam que Ricardo era a terceira vítima. O episódio deixou todos os primos que estavam na casa muito assustados. Com paciência e muito carinho, Lucília consolou o filho e acalmou os demais. Era sempre assim, todos tratados com a mesma atenção. Não havia bronca, mas muita conversa e muitos conselhos.

Durante esses anos, acompanhando o crescimento dos filhos e recebendo os sobrinhos nas férias, Lucília se preparava para escrever. Escrevia quando estava sozinha, as crianças brincando ou na escola e Arnaldo trabalhando. Guardava seus cadernos e, vez ou outra, os revisava. Por essa época, começou a escrever *Rei do mundo*, que conta a história de um menino de fazenda e sua amizade com um cavalo. Escrevia, relia e reescrevia, em um trabalho que durou dez anos até ser publicado. Lucília não tinha pressa, mas mantinha vivo em seu íntimo o desejo de publicar e ser lida. Sabia que ainda não era a hora, pois os filhos mais novos eram pequenos e demandavam muito a sua atenção. Havia muito trabalho a fazer em casa antes de se lançar como escritora.

# Parceria com Arnaldo

Quando não estava com os filhos, Lucília dedicava-se às pessoas que moravam na fazenda. Levantava-se às sete horas, tomava café da manhã e saía para visitar os colonos. Nos locais onde a monocultura cafeeira prosperou, era comum a existência de colônias, quase pequenas vilas dentro das fazendas, para abrigar os trabalhadores rurais, pois a colheita manual demandava muita mão de obra. Algumas chegaram a ter mais de trezentas famílias. Os lavradores geralmente eram europeus e japoneses, que emigraram fugindo da guerra. Com o declínio da cultura do café, os proprietários rurais passaram a buscar alternativas, como o algodão, que já era cultivado na Santa Elza quando Lucília se mudou para lá, mas a demanda por trabalhadores se manteve.

Lucília queria conhecer as famílias, saber como estavam e se precisavam de alguma ajuda. Seguia intuitivamente os passos de sua mãe, Matilde, que tinha Missayo como mensageira das necessidades dos trabalhadores de Lajeado. Lucília, porém, preferia cuidar pessoalmente de todos. Embora as colônias fossem bem-equipadas, com farmácia ou atendimento médico, algumas vezes era preciso um olhar mais especializado. Se Lucília encontrasse alguém doente ou com sintomas pouco comuns, levava ao médico da cidade, onde havia mais recursos, caso fosse necessário. Também acompanhava quem precisava de tratamento ou curativos, como as mulheres que tinham problemas de varizes com feridas nas pernas.

Sabendo da disposição da patroa, muitos trabalhadores a procuravam. Como a viúva Maria Simplício, que tinha quatro filhos homens, lavradores como ela. Sentindo-se cansada o tempo todo, Maria queria um remédio para acabar com as tonturas frequentes que ela e os filhos sentiam. Reclamava que o mal-estar constante lhes tirava a energia. Não fosse isso, dizia, seriam capazes de fazer a colheita de 10 mil pés de café. Mais preocupada com as dores do que com o rendimento da família, Lucília levou a mulher à cidade. Diante dos sintomas, o médico receitou um vermífugo polivalente. Os cinco expulsaram as lombrigas e voltaram a trabalhar sadios e sem dores.

As verminoses transmitidas por água e alimentos contaminados eram um problema frequente na fazenda. Por isso, de vez em quando, Lucília distribuía vermífugos e orientava as famílias sobre cuidados de higiene que evitavam contaminações. Mesmo que não fosse seu objetivo, acabava ajudando nos negócios da fazenda, melhorando a produtividade dos trabalhadores.

### Enchendo o porta-malas

As colônias também contavam com uma pequena venda, ou mercado, onde os funcionários podiam comprar o que a fazenda não produzia – o que era muito pouco, no caso da Santa Elza. Sua horta tinha cerca de mil metros quadrados e abastecia com folga todas as casas da fazenda. A produção da horta abastecia também a casa de Ribeirão Preto, no período em que Lucília manteve uma residência na cidade para os filhos mais novos estudarem. Era dela a responsabilidade de cuidar de toda a área do jardim para dentro da sede, o que incluía o pomar e a horta.

Quando uma hortaliça estava no ponto para colher, Lucília orientava seu Geraldo, o hortelão, a carregar as carriolas e passar de casa em casa para fazer a entrega às famílias dos colonos. O pomar também era grande, e as frutas que enchiam as árvores em cada época eram distribuídas da mesma maneira. Nas idas para São Paulo, Lucília pedia a seu Geraldo que separasse uma caixa bem abastecida com um pouco de cada verdura e legume, além de frutas, para levar à casa da mãe, Matilde.

Carregar o carro com itens da fazenda era rotina à qual Arnaldo estava acostumado. Apesar de seu temperamento difícil, ele não achava ruim fazer as vontades de Lucília. Voltava ao pomar ou à horta, se fosse necessário, para buscar algo que faltara. Conhecendo os gostos e hábitos da esposa, buscava cada item nas quantidades que ela queria.

Para qualquer lugar que viajassem, Lucília enchia o carro com mantimentos, comidas e doces feitos pelas funcionárias e o que mais coubesse. Na época em que tiveram uma Belina, modelo da Ford lançado na década de 1970, aproveitavam bem o espaço do porta-malas. A rotina de abastecer o carro se mantinha em outras ocasiões e tornou-se um hábito durante todo o período em que viveram na fazenda.

Certa vez, nos anos 1980 – Ricardo já estava casado e morando em São Paulo –, Lucília carregou o porta-malas e partiu de Orlândia com Arnaldo e Isabel, a cozinheira, para visitar o filho. No meio do caminho, o pneu do carro furou e Arnaldo desceu para providenciar a troca. Precisou mexer em algumas coisas no porta-malas, para pegar as ferramentas, e apoiou sem querer o braço em um doce que estava sem tampa e derretendo.

O imprevisto do pneu furado já lhe causara incômodo, e a sujeira na manga da camisa foi o estopim para ele estourar em xingamentos destemperados. Isabel não conseguia parar de rir da situação, por mais que soubesse que isso poderia tornar tudo muito pior. Habituada às reações exageradas dele, Lucília manteve-se firme. Com tranquilidade, pediu calma ao marido enquanto buscava uma camisa limpa na mala, diminuindo a importância do acidente.

**Ouvido para histórias**

Quando chegavam os meses de junho e julho, Lucília comprava cobertores na cidade para distribuir na colônia. Apesar das temperaturas amenas durante o dia, as noites de inverno são bastante frias na região do oeste paulista. Conhecendo o tamanho de cada família, ela levava um cobertor para cada pessoa, entregava os itens pessoalmente, de porta em porta, como faziam no passado os mascates, os mercadores ambulantes.

Cuidava também do enxoval das crianças que iam nascer. Todas as mulheres grávidas ganhavam dela doze fraldas de pano, que eram usadas na época, três cueiros, que serviam para enrolar o recém-nascido, faixas para cicatrização do umbigo, além dos casaquinhos e sapatinhos, da mesma cor, que a própria Lucília tricotava. Ao fazer os enxovais, Lucília percebeu que muitas mulheres engravidavam ao mesmo tempo. Conversando com elas, soube que a maioria não tinha planejado o bebê e que algumas não desejavam a gestação. Tentando ajudar, entregou cartelas de anticoncepcional às mulheres, uma novidade na época, mas não explicou como deveria ser tomado. Passado um tempo, a quantidade de gestações indesejadas não diminuíra. Lucília descobriu que estavam usando a pílula apenas nos dias que tinham relação – e nem todas por via oral.

Com essa proximidade, Lucília ganhava a confiança dos funcionários, que dividiam com ela suas histórias, contavam seus medos e dúvidas. Ela retribuía dando conselhos para ajudá-los a fazer escolhas e decidir sobre suas vidas. Quando era o caso de apenas desabafar, Lucília sabia ouvir com atenção, dando oportunidade para a pessoa escutar seu próprio relato enquanto falasse, como em uma terapia. Muitas dessas conversas foram fontes de inspiração para os livros que ela escreveu, como a do menino de fazenda que precisou deixar os estudos para trabalhar na lavoura quando o pai abandonou a família, enredo do livro *De sol a sol*.

Em outro romance, *Rio de contas*, Belamisa é uma cortadora de cana que trabalha no interior de São Paulo e deseja voltar para sua cidade natal, na Bahia, que dá nome ao livro. Quer levar a filha, Marilim, mas precisa convencê-la, pois a menina namora Frederico, tratorista da fazenda, e não quer se afastar dele. Quando Belamisa compra as passagens, a filha resolve fugir com o namorado, mas a mãe descobre o plano. Com a ajuda de uma amiga, segura a filha em casa no dia da fuga e vai no lugar dela ao encontro do rapaz.

A história é muito parecida com a de uma viúva que trabalhara na Santa Elza e criara a filha sozinha. Quando a filha começou a namorar, por volta dos 15 anos, a mãe não a apoiou, temendo que ela tivesse o mesmo destino que o seu. A filha, então, combinou fugir com o namorado, mas a mãe descobriu e fugiu antes com o rapaz. O caso ficou famoso nas fazendas da região, assim como as especulações sobre o paradeiro do casal ou sobre como e quando se formara o triângulo amoroso.

Mas também acontecia de Lucília querer escrever sobre algum tema e não encontrar quem falasse sobre ele. Foi assim quando pensou no enredo de *Antes que o sol apareça*, lançado em 1977. Queria escrever sobre a vida dos boias-frias, trabalhadores rurais sem vínculo com as fazendas, pagos por dia de serviço. Entre os colonos, ninguém que havia sido boia-fria queria falar sobre sua condição anterior. Lucília só conseguiu conhecer com profundidade a vida de um trabalhador temporário quando um deles ganhou na loteria e aceitou falar com ela sobre seu passado de pobreza. Com seu relato, Lucília deu vida à família de Sebastião de Oliveira, que, após uma briga com o administrador da fazenda em que trabalhava, foi demitido e obrigado a trabalhar por dia.

### Rumo ao Centro-Oeste

Na década de 1960, o governo militar criou incentivos para o desenvolvimento do Centro-Oeste do Brasil. Produtores rurais recebiam isenção fiscal e financiamento a fundo perdido para investir nos estados da região e expandir a fronteira agrícola. Brasília acabava de ser inaugurada e o governo precisava povoar o centro do país. O ambiente era favorável para quem conhecia e sabia lidar com a terra. Por isso, Arnaldo, nessa época, pouco ficava em casa, sempre viajava para buscar novas terras. Também levava a sério sua formação tradicional, que determinava que o homem devia ser o provedor, enquanto a mulher ficava em casa cuidando dos filhos.

Desbravar os estados do interior do país levava tempo. Arnaldo chegava a passar três dias viajando de jipe para chegar ao local que iria avaliar para fazer negócio. Quando seu Nhonhô comprou um avião, as viagens ficaram mais fáceis, porque era possível sobrevoar a área antes. Ainda assim, a cada nova propriedade adquirida, era preciso abrir a fazenda, fazer os recortes de estrada que dariam acesso a ela e delimitar o uso de cada pedaço de terra – o que seria plantação, pasto, curral, dependendo da localização e da qualidade do solo. A sede era a última a ser construída, só depois que a fazenda estivesse pronta para dar lucro. Diferentemente do que ocorre hoje em dia, na época, a ordem era desmatar. O incentivo do governo exigia que apenas 20% da vegetação fosse mantida, e o resto deveria passar a produzir o mais rápido possível.

Era o início do processo de interiorização do desenvolvimento do país pela ocupação da terra no Centro-Oeste, começando pelo interior dos estados de São Paulo e ao que hoje corresponde ao Mato Grosso do Sul e, depois, Mato Grosso e Rondônia. Somente na década de

1990 essa proporção seria elevada para os atuais 80% de preservação de mata virgem.

Enquanto teve energia e disposição, Arnaldo participou das caravanas para abrir as fazendas que comprou ao longo da vida. Assim, chegou a Rondônia, Mato Grosso e Mato Grosso do Sul. Havendo o mínimo de condições para se hospedar, ainda antes de a sede ficar pronta, Lucília o acompanhava para conhecer as novas terras. Levava seus cadernos e livros e se distraía enquanto Arnaldo estivesse ocupado no trabalho. À tarde, quando ele voltava, os dois jantavam juntos, conversavam sobre o que tinham feito durante o dia, a educação dos filhos e outros assuntos cotidianos de casal. Seguiam a mesma rotina que cumpriam nas fazendas que já estavam produzindo.

No final de cada mês, Arnaldo passava dez dias ou mais visitando suas propriedades para pagar os funcionários. Viagens em que aproveitava para contar as cabeças de gado, conferir a plantação e orientar o administrador. Era o olho do patrão engordando o gado. Quando sobrava um tempo, ele e Lucília visitavam os amigos em fazendas vizinhas, o que também rendia ideias para ela escrever depois. *O amor é um pássaro vermelho* narra a trajetória de um garoto japonês que imigra para o Brasil para trabalhar nos cafezais, história vivida pelo vizinho da fazenda que Arnaldo abriu no Mato Grosso.

Nessa fazenda, a sede era uma casa simples, de madeira, de onde era possível ver o pasto, cheio de coqueiros que não haviam sido derrubados no desmatamento. Passados alguns anos, Lucília percebeu que a quantidade de coqueiros estava diminuindo e ficou brava. Gostava deles, considerava-os um jardim no meio da pastagem. Foi tirar satisfação com o marido, esperando que ele transmitisse seu recado aos peões para que parassem de derrubá-los. Arnaldo respondeu com bom humor: "Como você quer comer palmito sem derrubar os coqueiros?".

**Prosperidade**

Fazendo o que gostavam, Lucília escrevendo e Arnaldo trabalhando no campo, o casal prosperou, o que lhes garantiu uma situação confortável e condições para ajudar funcionários e familiares. Lucília estava sempre atenta ao que precisavam. Quando algum sobrinho ia se casar, ela oferecia o enxoval, contribuindo com o que fosse necessário. Na maioria das vezes, Arnaldo nem ficava sabendo o que ela fazia ou quanto gastava com presentes ou contribuições. Mas em alguns casos ela precisava dividir a decisão com ele.

Se não recebia o consentimento do marido, Lucília encontrava meios para conseguir o que queria. O caminho mais rápido era ligar para Atílio Sordi, contador e braço direito de Arnaldo. Ela dava as ordens sobre quanto, quando e para quem Atílio deveria enviar quantias, e o contador obedecia. Mas, nos casos que envolviam volumes mais expressivos de dinheiro, Lucília recorria à conversa e argumentação.

Luiz Felipe, seu irmão do meio, ainda era gerente do Banco Mercantil e estava morando em Franca, polo calçadista do interior de São Paulo. Cansado da rotina de agência, do atendimento ao público, pensava em se demitir, mas procurava antes algo para fazer. Recebeu uma proposta para montar uma fábrica de sapatos com dois sócios, mas não tinha o dinheiro necessário para investir. Conversando com Lucília sobre como andava a vida, comentou que avaliava vender a casa onde morava para mudar de carreira.

Lucília não permitiu. Não disse nada quando conversaram, mas procurou Arnaldo tentando uma alternativa para que seu irmão não se desfizesse da casa. Ele resistiu, pois era um negócio novo, bastante arriscado para um investimento tão alto. Temia que todo o dinheiro acabasse perdido. Com paciência e muito jeito, Lucília foi convencendo o marido a confiar na capacidade de seu irmão. Dando força ao seu argumento, Aguinaldo, o outro irmão, assim que ficou sabendo da necessidade de Luiz Felipe, quis ajudar.

A investida funcionou. Alguns dias depois, Lucília foi a Franca com três cheques que somavam o valor necessário para o investimento na fábrica. Luiz Felipe entrou na sociedade com um terço da Decolores Calçados, que ficou famosa na época. Passados alguns anos, ele comprou a parte dos sócios antes de vendê-la, quando se aposentou. Nunca pagou Arnaldo pelo empréstimo, mas durante todo o tempo em que esteve à frente da fábrica, presenteava com sapatos os colonos e funcionários de todas as fazendas do cunhado no Natal.

Também foi com o apoio de Arnaldo que Lucília acolheu um casal de trabalhadores rurais que chegou à Santa Elza, fugidos de uma fazenda em Pernambuco onde eram tratados como escravos. Os dois peregrinaram por meses antes de chegar à fazenda; estavam famintos, e a moça, grávida. Pediam casa e serviço. A história inspirou o conto "Macário Vaz", que está na coletânea *Cheiro de terra*.

Lucília ajudou ainda Ildefonso do Carmo, professor particular de seus filhos, a abrir o Universitário, cursinho preparatório para o vestibular, famoso em São Paulo na década de 1980. Essa história não inspirou um livro, mas é famosa na família em razão da perspicácia de Lucília para convencer Arnaldo a colaborar com o jovem professor.

Durante as férias escolares, Ildefonso dava aulas de reforço para Aloísio e Ricardo na casa de São Paulo. Lucília, que estava na cidade para passar um tempo com os filhos, percebeu em um dia de aula que o professor colocava jornal dentro dos sapatos para cobrir os buracos das solas, que estavam gastas. Imaginou que ele vivia em dificuldade financeira e, sem dizer que havia reparado em seus sapatos, ofereceu alguns pares que Arnaldo não usava. Ildefonso aceitou, assim como outras peças de roupa que ela ofereceu outras vezes.

No final do ano, Ricardo e Paulo, seu primo por parte de pai, que morava em uma fazenda próxima à deles, em Orlândia, ficaram de segunda época, que era como se chamava a prova de recuperação para passar de ano na escola. Lucília contratou Ildefonso para dar aulas de reforço nas férias, mas dessa vez na fazenda, para o primo também estudar.

Nos horários de descanso, de conversa na varanda após as refeições, Lucília conversava com Ildefonso, perguntava sobre seus planos e sua história, como sempre fazia com as pessoas. Certa vez, ele comentou que pensava em alugar uma sala para dar aulas para mais alunos ao mesmo tempo, mas, como não tinha o dinheiro, planejava continuar dando aulas particulares.

Conhecendo o montante de que ele precisava, Lucília convenceu o marido a pagar metade do investimento dizendo que o cunhado Roberto, pai de Paulo, tinha concordado em pagar a outra metade. Quando Arnaldo aceitou participar, ela recorreu a Roberto contando a mesma história, mas agora com a concordância do marido, de fato. Mais uma vez, Lucília acertou na aposta. Ildefonso alugou a sala e começou o que depois viria a ser o Universitário.

Anos depois, Lucília ligou para Ildefonso avisando que seu filho mais novo iria para São Paulo fazer cursinho. Em seu primeiro dia no Universitário, Aguinaldo reconheceu o dono da escola no corredor e foi se apresentar. Ildefonso fez questão de acompanhar o novo aluno e entrar com ele na sala de aula. Pediu licença ao professor para dar um importante recado aos estudantes, que já estavam sentados em suas carteiras.

Emocionado, apresentou Aguinaldo à classe e contou como a ajuda de sua mãe, Lucília, tornara possível a realização de tudo o que eles viam ali, naquele prédio. Até hoje a história comove Aguinaldo.

### Casa nova

Mesmo gostando da rotina na fazenda, lidando com as pessoas, cuidando da horta, Lucília sentia que precisava da cidade. Tanto ela quanto os filhos mais novos, Sebastião Neto e Aguinaldo, que estavam próximos de terminar o Grupo Escolar, equivalente ao atual Ensino Fundamental I. Ela não queria mandá-los para ficar com a avó em São Paulo, como fizera com Aloísio, pois, com a morte de seu pai, Matilde morava sozinha. Além disso, preocupava-se com Aguinaldo, pois ele não vinha se saindo bem na escola. Decidiu que acompanharia de perto a educação dos dois.

Sebastião e Aguinaldo foram matriculados em Ribeirão Preto, no Colégio Marista, de padres da mesma ordem do Arquidiocesano de São Paulo. E, por garantia, para que o desempenho de Aguinaldo melhorasse, Lucília fez também uma promessa. Faria casaquinhos de lã de tricô para todas as crianças das colônias da Santa Elza e da fazenda vizinha. Passou meses tricotando mais de cinquenta casaquinhos, todos da mesma cor, um alaranjado vibrante, para que, depois, quando visse as crianças usando-os, ela reconhecesse de longe a peça que havia feito.

Para não ter que percorrer os 60 quilômetros que separavam a fazenda Santa Elza de Ribeirão Preto, Lucília e Arnaldo alugaram uma casa, onde ficaram por pouco tempo. Arnaldo acreditava que seria uma experiência passageira e que logo voltariam para a fazenda, mas Lucília estava determinada e quis comprar uma casa na Avenida Santa Luzia. Era uma região nobre, onde morava grande parte das famílias ricas de então, mas o que a encantou foi o projeto arquitetônico, considerado moderno para a época. A casa fora construída encostada a uma rocha, que ficava aparente na sala de jantar. Lucília achava aquilo lindo e pouco ligava para o resto: os quartos eram pequenos e a sala de estar, úmida e abafada pelo muro de pedra, continuação da rocha nos fundos, que impedia a ventilação.

Lucília passava os dias de semana com os filhos na cidade e, nas noites de sexta-feira, iam para a Santa Elza. Até que um dia Isabel pediu demissão. Estava com problemas com o marido, Antônio. Queria se separar e se afastar da fazenda de qualquer jeito, mesmo sem saber para onde iria. Lucília percebeu sua aflição e procurou uma alternativa sensata. Não deixaria a cozinheira desamparada por causa de uma atitude impensada. "Você vai comigo para Ribeirão", resolveu.

O casal não se separou, pois Antônio, sem nenhuma cerimônia, foi junto. Lucília não o impediu, deixando que Isabel resolvesse se o queria perto ou não. Com o tempo, as coisas entre os dois se acertaram e eles continuaram casados até a morte de Antônio, muitos anos depois.

Os meninos adoraram, porque desde pequenos tinham sido cuidados pela cozinheira, que consideravam sua segunda mãe. A casa na cidade contava ainda com mais duas funcionárias, Neura e Aparecida, que ajudavam Isabel. Mas Lucília tinha um problema. Precisava de funcionários cuidando da casa da fazenda. Foi quando chegaram Edna e Julinho, nascidos e criados na Santa Elza, que já eram casados e moravam na colônia. Julinho trabalhava na lavoura e Edna lavava as roupas da casa, quando Lucília os convidou para serem caseiros. Tudo se encaixou novamente. Lucília podia ter tranquilidade para cuidar de sua rotina.

Nessa época, passou a escrever diariamente, aproveitando o tempo em que os filhos estavam na escola e o marido, trabalhando. Sem a horta, o pomar e os cuidados com os funcionários da colônia, restava-lhe tempo livre para se dedicar aos cadernos. Na Santa Elza, esperava Arnaldo viajar para se sentar à mesa da antessala de seu quarto e escrever. Era uma atitude discreta, quase escondida, que só as funcionárias da casa acompanhavam. Ela estava escrevendo *Rei do mundo* e, aos poucos, ficava mais à vontade com o ofício.

# Primeiros livros, primeiros prêmios

Depois de mais de dez anos dedicando-se à escrita de *Rei do mundo*, Lucília tirou os manuscritos da gaveta, em um dia chuvoso de janeiro de 1966, quando estavam todos na fazenda Santa Elza. O tempo instável impedia que as crianças saíssem de casa e os filhos mais novos estavam agitados, precisando de algo que os distraísse. Sem muita certeza de que conseguiria acalmá-los, Lucília contou a história do menino Raimundo e sua amizade com o cavalo Trapézio. Imaginou que avançaria pouco na narrativa, já que as crianças não eram amantes dos livros, como ela gostaria que fossem. Mas surpreendeu-se. Na varanda, sentados ao seu redor, os meninos ficaram vidrados nas aventuras do personagem, querendo saber os desdobramentos da história.

O interesse de seu primeiro público aumentou a confiança de Lucília e alimentou seu plano de publicar o livro. Precisava antes, porém, testá-lo com outros leitores. Começou entregando o manuscrito para os filhos mais velhos, sabendo que eles seriam críticos. Depois, testou também com sobrinhos e até com Toninho, filho mais novo de Isabel. Todos gostaram e a incentivaram a publicar. Apesar de não ter sido escrito com linguagem voltada para o público infantojuvenil, o enredo sustentava o interesse dos leitores.

Lucília decidiu enviar o manuscrito à José Olympio Editora, uma das maiores do país naquela época. Passados seis meses, recebeu a negativa da publicação, embora o trabalho tivesse sido muito elogiado.

A editora vinha enfrentando dificuldades desde meados da década de 1960 e estava sem fôlego para investir em uma autora nova. Lucília não desanimou, mas o empurrão para a publicação veio de Arnaldo.

Os originais foram levados à editora Martins por intermédio de um primo de Lucília, Sérgio Caiuby. Ele estava passando uns dias na fazenda, quando Arnaldo comentou que a esposa tinha um *best-seller* na gaveta. Sérgio riu da piada de Arnaldo e quis ler o manuscrito. Gostou do enredo e logo lembrou-se de seu amigo editor, que era apaixonado por cavalos. Assim, Lucília estreou como escritora em novembro de 1968. A Martins comprometeu-se a rodar mil exemplares e Lucília encomendou mais quinhentos, que ela distribuiria nas escolas da região de Ribeirão Preto e Orlândia. Depois de 25 anos escrevendo e guardando manuscritos, queria agora ser lida.

A estratégia deu certo. Professores passaram a adotar o livro em sala de aula e Lucília era convidada para conversar com os alunos, prática que começava a se tornar comum nas escolas. O mercado de livros infantojuvenis estava aquecido no país. Para combater o baixo índice de leitores jovens em idade escolar, o governo federal apoiava projetos de incentivo à leitura. Surgiam as primeiras instituições dedicadas ao segmento, como a Fundação do Livro Escolar e a Fundação Nacional do Livro Infantil e Juvenil. As editoras olhavam com mais atenção para os autores desse nicho e promoviam inovações, como a inclusão de instruções didáticas ao final dos textos para os professores explorarem as obras com os alunos.

Esse aquecimento era refletido na imprensa. O lançamento de *Rei do mundo* foi anunciado em matéria do jornal *O Estado de S.Paulo* e com uma resenha na seção de lançamentos, no suplemento literário do mesmo jornal, que considerou o livro "envolvente como a própria vida" e destacou a maneira de Lucília descrever os episódios, revelando seu conhecimento da vida e do linguajar das pessoas do campo. Com esse holofote, a primeira edição esgotou-se em cinco meses.

**Festas sem abusos**

Lucília estreou como escritora no mesmo ano em que Aloísio, então com 24 anos, se casou. Ricardo e Papu já tinham mais de 18 anos e Sebastião e Aguinaldo eram adolescentes. Nessa época, dividindo-se entre a fazenda e a cidade, ela já passava mais tempo na Santa Elza do que na casa da Avenida Santa Luzia. Os meninos ficavam durante a semana sob os cuidados de Isabel, pois queriam passar mais tempo na cidade, incluindo os fins de semana, quando encontravam os amigos nos bares e nas festas.

Na maior parte do tempo, nem sequer precisavam sair de casa, pois era na Santa Luzia que a turma costumava se reunir às sextas-feiras, em festas especialmente animadas. Sem a presença dos pais em casa, os três mais novos pediam a Isabel e Antônio que não viessem à sala depois das 20 horas e que confiassem que não fariam nada de errado. O casal de funcionários atendia e ficava atento aos barulhos, pronto para socorrer em caso de emergência – o que nunca foi necessário.

Não era nem preciso combinar com os amigos. Os mais assíduos sabiam que, se houvesse carros estacionados, barulho de música ou a porta aberta, bastava entrar. Faziam uma vaquinha para comprar as bebidas, prática comum entre grupos de jovens e estudantes. Os amigos mais próximos tinham a chave da entrada e frequentavam a casa mesmo quando nenhum dos três irmãos estava presente.

Lucília tinha conhecimento de tudo, pois Isabel não deixava escapar nenhuma informação. Preocupava-se com a segurança dos jovens, também por isso mantinha os dois funcionários na casa. Sua outra condição era que ninguém usasse seu quarto. Quando algum amigo precisava passar a noite, dormia nas camas extras, nos quartos dos meninos ou no sofá da sala. Toda a turma conhecia e respeitava essa regra, para não perder a liberdade que tinha. Era como um pacto não declarado.

Certa noite, nenhum dos três estava em casa e Sérgio Luiz, conhecido como Janela, amigo próximo do trio, que tinha a chave, chegou tarde e foi dormir no quarto de Papu, como sempre fazia. No dia seguinte, Lucília e Arnaldo chegaram para almoçar. Antes de servir, Isabel bateu no quarto avisando que era meio-dia e Janela pediu a ela que colocasse a mesa à uma da tarde. Lucília e Arnaldo não se opuseram. Apesar de conhecer os dois, frequentar a fazenda e ser íntimo da casa, Janela não soube disfarçar o constrangimento por ter feito os donos da casa esperarem por ele. Já Lucília e Arnaldo trataram o ocorrido com naturalidade, achando a situação até engraçada.

Com a confiança que tinha em Isabel e no juízo dos próprios filhos, Lucília se distanciou das questões do cotidiano da casa. Participava apenas do que realmente precisasse de sua atenção: um problema a ser resolvido ou um dinheiro que faltasse para algo importante. Talvez sem ter agido com esse propósito, deu aos filhos a autonomia que os ajudou a amadurecer.

Arnaldo achava que Isabel e Lucília mimavam demais os meninos, fazendo todas as suas vontades. No almoço, havia um prato preferido de cada um, e era sempre um desperdício de comida, porque sobrava muito. Quando Arnaldo reclamou do exagero, Lucília definiu um cardápio com uma opção de prato por dia ao longo da semana. No dia do macarrão, quem preferia bife ficaria insatisfeito.

Isabel seguiu a orientação da patroa, mas sempre um deles reclamava. Sebastião Neto chegou a ir embora para almoçar fora em um dia em que o prato servido era o preferido de Papu. Depois de alguns dias de reclamação, foram falar com a mãe. Lucília achou mais fácil deixar que Isabel decidisse: "Faça como você quiser". As mesas voltaram a ter opções variadas todos os dias.

### Início promissor

A rotina de Lucília em visitas a escolas se intensificava, especialmente porque era uma de suas atividades preferidas. Sentia prazer na interação com os alunos, gostava de ouvir o que eles queriam encontrar em um livro. Isso a ajudou a se modernizar, escolher temas que fossem do interesse da juventude de então. O contato direto com os estudantes também fazia com que as gírias em suas narrativas saíssem da boca dos personagens com naturalidade.

Foi desse contato que Lucília teve inspiração para escrever o segundo livro que publicou. Nos encontros nas escolas para falar sobre *Rei do mundo*, percebia que os jovens se entusiasmavam com mistério, aventura e histórias de amor. E todos queriam mais diálogos entre os personagens. Por isso, *Uma rua como aquela*, que foi lançado pela editora Record em 1971, quase não tinha descrições.

Ambientado em uma rua sem saída de São Paulo, a obra conta histórias de amor entre dois jovens, de amizade entre meninas e entre meninos, mistério sobre o vizinho avarento, casos de molecagens inocentes e de solidariedade entre vizinhos. Os fatos do cotidiano da rua se passam ao longo dos meses que precederam a chegada do homem à Lua, em 1969. Lucília trouxe nas falas dos personagens ensinamentos sobre história, geografia, artes e questões morais em pauta na sociedade da época. Sempre usando linguagem simples, como a que os jovens usavam.

Foram os editores da Record que decidiram inscrever o livro para concorrer ao prêmio Jabuti, oferecido pela Câmara Brasileira do Livro (CBL) desde 1958. Quando recebeu o telefonema avisando-a de que ganhara, Lucília ficou eufórica e confiante ao mesmo tempo. Receber o principal prêmio literário do país com seu segundo trabalho confirmava sua intuição de que seu caminho era ser escritora. Por mais que amasse o campo, esse Jabuti metafórico, bem diferente da realidade que vivera tantos anos na fazenda, fazia com que se sentisse no lugar certo. Na cerimônia de premiação, em 1972, toda a família a acompanhou à sede da CBL, na Avenida Ipiranga, em São Paulo. Cheios de orgulho, celebravam sua conquista, sem a noção de tudo o que ela produziria nos anos seguintes.

O prêmio deu-lhe visibilidade, outras editoras se interessaram por seu trabalho. Lucília tinha material pronto para isso, mas também se comprometeu com uma rotina rigorosa para escrever novas histórias, abordando temas atuais e usando linguagem que fisgasse os jovens da década de 1970. Todas as manhãs, sentava-se à mesa da sala de jantar, de frente para a janela que ficava aberta, dando vista para o grande jardim da fazenda Santa Elza. Com a casa vazia, ouvia apenas o barulho das funcionárias na cozinha ou dos pássaros, do lado de fora. Só se levantava quando Arnaldo chegava do escritório, em Orlândia, para almoçarem juntos. Assim que o marido entrava no carro para voltar para a cidade, Lucília retornava à mesa, de onde só saía no fim da tarde.

Considerava escrever um processo exaustivo e frustrante algumas vezes, especialmente no início. Mesmo com a história inteira na cabeça, ficava aflita enquanto não visse o livro tomando forma, com pelo menos trinta páginas escritas. Seu prazer com o ofício só começava mesmo na última fase, com o texto completo, quando relia, alterava o que não gostava e corrigia o que fosse preciso, dando a forma final ao livro.

Um ano depois do Jabuti, em 1973, venceu o concurso de literatura infantil Governador do Estado de São Paulo, com *Lili do rio Roncador*. A obra é uma fantasia em que as pessoas conversam com os animais, que são os protagonistas. Conta a história de uma franga que nasce com a missão de ser líder do galinheiro, sonha em se casar e ter muitos filhos. Além do prêmio em dinheiro, o livro foi encaminhado para a edição da Comissão de Leitura do Conselho Estadual de Cultura, responsável pelo concurso. *Lili do rio Roncador* foi lançado anos depois, em 1976, pela editora Record, que se tornaria a principal parceira de Lucília. Foi a editora em que ela mais publicou e por mais tempo.

Em paralelo, Lucília seguia publicando com outras editoras. Os programas de incentivo à leitura vinham surtindo efeito e aumentavam a demanda por livros para jovens e crianças. As editoras precisavam lançar novos títulos regularmente, para desenvolver e manter seu público consumidor. Para os autores que tinham fôlego, como Lucília, era mais interessante oferecer seus manuscritos a diversas editoras, sem firmar exclusividade, e, assim, lançar mais de um livro ao mesmo tempo.

Em 1974, pela Melhoramentos, Lucília lançou *No verão, a primavera*, que recebeu o prêmio Livro do Mês da União Brasileira de Escritores e foi inspirado em sua professora de infância, Odete Tormim. Lucília preparara uma narrativa sobre o amor, a busca pela felicidade e as convenções sociais no reencontro da protagonista Isabel com o ex-namorado, gerente do banco onde seu marido vai buscar dinheiro. Na vida real, Paulo Afonso, marido de Odete, foi o gerente que concedeu o crédito para Arnaldo fazer o investimento mais importante de sua vida. Além de substituir a cultura da fazenda por cana-de-açúcar, ele participou da construção da Usina Vale do Rosário, que chegaria a ser a segunda maior produtora de açúcar e álcool do país. No lançamento da obra, Lucília já tinha outras três prontas: *A Terra é azul* e as reuniões de contos *Para os verdes anos* e *O ipê floresce em agosto*.

*A Terra é azul* foi lançado no ano seguinte, e sua primeira edição, de 5 mil exemplares, esgotou-se em dois meses. *O Ipê floresce em agosto* chegou às livrarias em 1976, enquanto *Para os verdes anos* ainda esperou mais um tempo na gaveta. Lucília, porém, não encontrava barreiras nas editoras. Os manuscritos que apresentava eram aprovados e publicados na maioria das vezes. O mercado aquecido demandava novas obras, novos temas de diferentes autores. Por isso, também em 1976, lançou outros três livros simultaneamente, por editoras diferentes: *Depois do aguaceiro*, pela Record, *Rio de contas*, pela Melhoramentos, e *Balão amarelo*, pela Brasiliense.

**Ordem e método**

A rotina de escritora incluía separar as segundas-feiras para responder às centenas de cartas que recebia dos leitores. Lucília acumulava montes de correspondências que ficavam sobre a mesa, organizadas por ordem de chegada e presas por um barbante. Desde a primeira edição de *Uma rua como aquela*, os exemplares de seus livros traziam seu endereço postal, algo que outros escritores também faziam.

Lucília queria saber a opinião dos leitores sobre cada obra e, principalmente, qual o impacto que provocava na vida deles. As cartas que mais a comoviam eram as de jovens que tinham aprendido a gostar de ler por causa de seus livros. Lucília respondia pessoalmente, a cada uma, com palavras de estímulo à leitura e alimentando os sonhos daqueles que também queriam ser escritores.

As informações que seus livros traziam serviam para situar os personagens, mas também para informar o leitor. *O balão amarelo*, de 1976, conta a história de uma avó que costura um enorme balão para distrair os netos, que passam férias em sua casa em Belo Horizonte. Por uma distração enquanto enchiam o balão, avó e netos saem à deriva, indo aterrissar em um acampamento de cangaceiros no sertão de Minas Gerais. No desenrolar da história, o leitor aprende sobre o cangaço, sobre como os bandos sobreviviam no mato, enfrentando batalhas com polícia, exército e com outros bandos de cangaceiros.

Enquanto trabalhava em algum livro, não deixava ninguém ler e pouco falava sobre o assunto de que estava tratando. Relia com minúcia as histórias, registradas nas páginas do lado direito do caderno, escolhendo bem as palavras. Se havia algo a ser ajustado ou corrigido, fazia um asterisco apontando onde deveria entrar a correção, que anotava na página do lado esquerdo. Depois, tudo era passado a limpo, à máquina.

Ainda antes de datilografar, pedia às pessoas em quem confiava que lessem e apontassem o que devia ser mudado. Normalmente, as noras com quem tinha mais proximidade. Testava com elas as narrativas e a linguagem de cada obra. Cada livro ainda passava por uma revisora antes de ser enviado para avaliação da editora. Apesar do processo longo, com várias etapas, Lucília mantinha um ritmo crescente de publicações. Entre 1968 e 1979, publicou quinze livros, a maior parte depois de 1975.

**Avó escritora**

Enquanto sua carreira deslanchava, Lucília mantinha os cuidados com a família. Administrava a casa da fazenda Santa Elza, com o apoio dos caseiros Edna e Julinho, e a casa da Avenida Santa Luzia, na cidade, com a supervisão de Isabel. Mesmo com sua agenda cada vez mais comprometida, prestava atenção nos filhos e acompanhava seus estudos até a faculdade, ainda que de longe, sem interferir na vida deles. Estava pronta para ajudar, se precisassem.

Com exceção de Papu, que fez a "faculdade da vida", trabalhando com o pai, todos se formaram em cursos que escolheram por afinidade. Talvez, inconscientemente, tenham seguido o exemplo da mãe e procuraram trabalhar com o que gostavam. Aos poucos, todos acabaram se dedicando aos negócios da família, que era o caminho natural, pois precisavam dar seguimento ao que Arnaldo e Lucília haviam construído. Aloísio formou-se agrônomo, e Ricardo fez faculdade de Direito, profissão que nunca exerceu. Sebastião Neto formou-se engenheiro civil, e Aguinaldo, economista.

Os primeiros anos da carreira de Lucília foram intensos também em novidades na vida pessoal. No ano em que recebeu o Jabuti, apenas Aloísio era casado. Dez anos depois, em 1982, os outros quatro também já tinham definido suas companhias. Os onze netos, porém, demoraram um pouco mais a chegar. Até 1979, apenas os primeiros, Marina e Eduardo, filhos de Aloísio, eram nascidos e aproveitaram a companhia e os mimos dos avós. A primogênita era quem, nos anos seguintes, também faria parte do time de primeiros leitores das obras de Lucília.

Quando os netos eram bem pequenos, foram passar as férias com os avós em Campos do Jordão, na Serra da Mantiqueira. Lucília aproveitava as ocasiões em cidades em que havia movimentação cultural para se atualizar e, dessa vez, levou Marina e Eduardo, o Dudu, a uma apresentação do Festival de Inverno da cidade. Terminada a apresentação, a plateia aplaudiu de pé, pedindo bis. Dudu acompanhou o coro e gritou também. Quando a avó lhe informou que bis era um pedido para a orquestra tocar de novo, o pequeno inverteu seu pedido imediatamente: "Bis, não!".

Em outra ocasião, quando Marina já tinha 10 anos e Dudu, 8, Lucília e Arnaldo fizeram com eles uma viagem de carro até Assunção, no Paraguai, passando pelas Cataratas do Iguaçu. Partiram os quatro de Orlândia rumo à primeira parada, em Londrina, no Paraná. Lucília planejou dormir uma noite na cidade, que ficava no meio do caminho e onde morava Iolanda, sua amiga de infância que não via fazia anos. Equilibrando as férias com os netos e as atividades do ofício de escritora, queria fazer entrevistas com a amiga para um livro que planejava escrever sobre a imigração japonesa no Brasil.

Seria uma viagem de muitos dias, um desafio para quem está com duas crianças e que ainda enjoavam com o movimento do carro. Maior ainda para quem tinha um marido com o temperamento de Arnaldo. Mas até que as coisas estavam correndo bem. No Ford Del Rey comprado recentemente, Dudu ia sentado no banco atrás do motorista apertando a orelha de Arnaldo. O avô achava graça da mania do neto e Lucília provocava: "Quanto mais você apertar, mais presentes vai ganhar!".

Ao chegarem a Londrina, Lucília reencontrou a amiga, depois de tanto tempo, e foi como se nunca tivessem estado longe. Para sua surpresa, Missayo, mãe de Iolanda e esposa do administrador da fazenda Lajeado, onde morara quando criança, estava passando uns dias na casa da filha. Com ela, apurou os pormenores de sua viagem ao Brasil, no início do século XX, desde que deixara o Japão até chegar ao Triângulo Mineiro para trabalhar nas lavouras de café. Lucília usou as informações para escrever *Sob as asas da aurora*, um relato histórico ficcionado da vida de Missayo, que ela publicaria muitos anos depois em homenagem ao centenário da imigração japonesa.

No dia seguinte, continuaram a viagem para Foz do Iguaçu. Era a viagem de estreia do carro, lançamento daquele ano e o primeiro com vidro elétrico do Brasil. Arnaldo nem queria ter comprado esse modelo, especificamente, mas, por causa da novidade, acabou se convencendo de que merecia algum conforto – e podia pagar por isso. O azar foi que, saindo de Londrina, o botão da janela do motorista quebrou e o vidro não abria mais. Durante o resto da viagem, Arnaldo xingou o carro, que não tinha ar-condicionado.

Tirando esse imprevisto, todo o resto foi diversão. Mesmo quando chegaram ao Hotel das Cataratas, dentro do Parque Nacional do Iguaçu, sem reserva de quarto. O único disponível para quatro pessoas era a suíte presidencial. Arnaldo, que sempre teve fama de mão fechada, não ficou feliz por ter que desembolsar muito mais do que planejava. Mas Lucília e as crianças se deliciaram com aquele espaço tão grande.

De lá, partiram para o destino final da viagem, Assunção, no Paraguai. Durante todo o trajeto, precisaram encostar o carro algumas vezes porque uma das crianças ameaçava passar mal. Para ventilar o ambiente, Lucília queria abrir o vidro que ainda estava funcionando, mas temiam que ele também quebrasse. Arnaldo se enfurecia, não conseguia pensar em outra solução e só pedia a Lucília que "desse um jeito". Em Assunção ela teve uma ideia.

Comprou um vidro de azeitonas sem caroço recheadas com pedacinhos de pimentão, que naquela época ainda não existiam no Brasil. No percurso de volta, para combater o enjoo, Lucília dava três azeitonas para cada um. Ingerir um pouquinho de sal poderia controlar o estômago revirado dos netos. Funcionou. Ela só precisou controlar as crianças, que queriam comer tudo de uma vez, para que o petisco durasse até o final da viagem.

Marina e Eduardo foram os netos que mais aproveitaram essas viagens, sozinhos com os avós. Lucília e Arnaldo eram mais jovens quando os dois eram crianças e tinham mais energia para cuidar deles. Além disso, eram só os dois. Os outros nove netos chegaram todos na mesma época, com pequena diferença de idade entre eles. Quando o terceiro nasceu, Marcelo, filho de Sebastião Neto, Lucília ingressava na década de sua maior produção literária.

# Carreira aquecida

Ao longo da década de 1980, quando nasceram seus nove netos mais novos, Lucília lançou a maior parte de suas obras. Foram 41 títulos, incluindo romances e coletâneas de contos. Nessa época, um recurso bastante comum das editoras para manter o ritmo acelerado de lançamentos infantojuvenis, com agilidade na criação de novos títulos, era a publicação de séries. Protagonizadas pelo mesmo grupo de personagens, cada obra trazia uma história diferente.

Nesse formato, Lucília lançou a série Caimã, pela editora Melhoramentos, que conta as aventuras dos irmãos Luciana, Filipe e Guigo – personagens inspirados em Lucília, Luiz Felipe e Aguinaldo, respectivamente, quando crianças. Os livros seguem uma ordem cronológica, mas que não interfere no desenvolvimento das histórias, que podem ser lidas de forma independente. A maior parte dos fatos que ambientam as narrativas é baseada na realidade, e todos os outros personagens e lugares citados têm seus nomes verdadeiros, incluindo a fazenda Lajeado, no Triângulo Mineiro.

Os quatro romances da série, porém, são recheados de fantasia. A primeira parte sempre se passa no mundo dos animais, onde eles falam e manifestam sentimentos e comportamentos humanos. O livro apresenta o histórico do personagem central, que, na segunda parte, interage com o trio protagonista da série.

No primeiro livro, *Presentes do céu*, a narrativa se passa em São Vicente, no litoral de São Paulo, onde moravam os avós maternos das crianças, Pérsio e Mariquinha – na ficção e na vida real. Os presentes do título são os cachorrinhos Fly e Flit, levados pela nova cozinheira do casal. Quando as crianças, que moram em São Paulo, vão visitar os avós, se apaixonam pelos filhotes. Acabam adotando os animais, contrariando a mãe, Matilde, conhecida por sua mania de limpeza – as características dos personagens são bastante semelhantes às da realidade também.

No segundo livro, *A gralha azul*, a ave que dá nome à obra machuca-se e cai em um gramado perto das três crianças, que brincavam com os cachorrinhos Fly e Flit. A história se passa na casa em que Lucília morou em São Paulo e descreve a época do falecimento de seu avô Gabriel. Em *Raio de Sol, Raio de Lua*, a família está de mudança para a fazenda Lajeado e Luciana precisa ir buscar o cavalo Raio de Lua, que ganhara de tio Persito, aquele que morreu na Revolução de 32. Já no quarto e último livro da série, *Caimã, pé de valsa*, as crianças estão habituadas à vida no campo e comemoram a chegada da professora Odete a Lajeado. Caimã é um jacaré órfão de pai e abandonado pela mãe que vai morar no porão da sede da fazenda.

A publicação dos livros em volumes independentes foi o caminho encontrado por Lucília para publicar uma longa história em edições mais curtas, atendendo o pedido de seus leitores, que queriam "livros finos, com letras grandes". A demanda poderia soar desanimadora para outros autores, mas para ela era uma dica valiosa sobre como alcançar os jovens. Sempre buscando entender o desejo de seu público, não hesitava em explorar maneiras de despertar nas crianças o gosto pela leitura.

Na esteira da produção de séries, Lucília criou a coleção Fôlego de Gato, publicada pela Editora do Brasil em 1983. São dez volumes com histórias também envolvendo animais e crianças, baseadas em expressões populares, como *Lágrima de jacaré* e *Dose para leão*. Os textos em rima são próprios para crianças recém-alfabetizadas. Cada volume traz doze ilustrações para colorir, assinadas por Manoel Victor Filho, um dos melhores ilustradores editoriais da época e parceiro de Lucília na maior parte de seus lançamentos nessa década.

## Em defesa dos animais

A humanização dos animais como protagonistas ao lado de crianças era um recurso narrativo usado de modo consciente por Lucília. Abria possibilidades para enredos mágicos e leves, com os quais os leitores se identificavam. Além disso, dava destaque à convivência em harmonia entre animais e seres humanos, que ela sempre defendeu. Isso esteve presente em sua obra desde o início. Em 1976, em *Lili do rio Roncador*, os irmãos Liliana, Selepe e Pingo, também inspirados em sua infância, conversavam com os animais da fazenda.

A preocupação com a preservação do meio ambiente não se limitava ao cenário do campo; também está presente nos dois únicos romances de Lucília ambientados na praia. Em a *Baía dos Golfinhos*, os jovens Ângela e Marcelo, que também é narrador da trama, passam férias em Fernando de Noronha. Em um passeio de barco, nadando com golfinhos, eles são levados pelos animais a um mundo subterrâneo secreto, onde homens e mulheres trabalham em projetos de preservação ambiental. São recebidos por Marina e Eduardo, que lhes explicam como as ideias desenvolvidas ali são enviadas à superfície.

A obra foi inspirada na viagem que Lucília fizera com Arnaldo no final da década de 1970, em uma época em que não havia turismo em Fernando de Noronha. O arquipélago era administrado pelos militares desde a Segunda Guerra Mundial, quando lá fora instalada uma base de apoio à Marinha norte-americana. Para conseguir entrar na ilha, era preciso fazer contato com o Exército e pedir autorização. Uma vez por semana, o avião das Forças Armadas levava e buscava os visitantes, que se aventuravam pela ilha.

Como não havia hotéis ou restaurantes, as instalações eram bastante rústicas e simples. A hospedagem era no alojamento da base mantida pelo Exército e a alimentação era a mesma servida aos soldados. Nada era adequado ao turismo ou ao conforto dos hóspedes, o que não era problema para Lucília e Arnaldo, acostumados à precariedade do campo, da época em que abriam fazendas. Guiados por pescadores ou pelos militares da base, conheceram todas as partes em que o acesso era possível, além de passearem de barco e mergulharem com os golfinhos. A beleza da ilha quase intocada encantou Lucília, e *A Baía dos Golfinhos* foi publicado em 1982 fazendo um apelo pela preservação ambiental, dez anos antes da ECO-92, a primeira Conferência das Nações Unidas sobre o Meio Ambiente e Desenvolvimento.

Com a mesma dose de fantasia, *Milena Morena e as fadas desencantadas* chama a atenção para a liberdade dos animais. Milena é uma menina da cidade que vai passar as férias na praia e percebe que todos os peixes, pássaros e animais da Terra sumiram. Em um castelo no alto do morro, conhece as três fadas desencantadas que aprisionaram os animais porque estavam entediadas. Queriam um aquário, uma gaiola e um cercado com todos os animais do mundo. Milena as convence a devolver a liberdade aos animais, e as fadas recebem seu encanto de volta.

A obra foi adaptada para o teatro pela atriz Beatriz Junqueira, sobrinha e afilhada de Lucília, filha de seu irmão Aguinaldo. Beatriz também dirigiu e atuou na peça que estreou em 1984 no Teatro Cândido Mendes, no Rio de Janeiro, com a presença da autora na plateia.

**Novamente premiada**

Dez anos depois de ganhar o Jabuti, Lucília foi anunciada em 1982 como vencedora do prêmio Alfredo Machado Quintella. Concedido pela Fundação Nacional do Livro Infantil e Juvenil, fora criado um ano antes pelo escritor Ary Quintella e sua esposa, Teresa, em memória de seu filho, Alfredo, morto aos 16 anos em um acidente de carro. Tratava-se da primeira e única láurea voltada especificamente para obras juvenis. Além da premiação em dinheiro, as obras vencedoras eram publicadas pela editora Record.

Desta vez, a obra premiada era o romance *O amor é um pássaro vermelho*, inspirado na vida de um vizinho de fazenda e que Lucília dedicou à sua amiga de infância Iolanda, cujas histórias ajudaram a contextualizar a narrativa. Acompanhando a trajetória de um garoto de 13 anos, a obra expõe as dificuldades e os conflitos culturais que os imigrantes japoneses encontraram quando chegaram ao Brasil para trabalhar nas lavouras de café. Tadashi deixa o Japão como filho adotivo de um casal de idosos com a esperança de ajudar sua família, que vivia em extrema pobreza. Passados cinco anos, apaixona-se por uma brasileira e, ao pedir permissão para se casar, é surpreendido por uma prima que chega de navio, enviada por seu pai para ser sua noiva. Na época, era uma desonra ter um filho casado com uma estrangeira.

Assim como havia feito na cerimônia de entrega do Jabuti, Lucília levou toda a família para receber o prêmio Alfredo Machado Quintella. Chegou ao Rio de Janeiro dois dias antes do evento com Arnaldo, os filhos e suas esposas, além de uma amiga de Ribeirão Preto, Marylene Baracchini. Ela havia perdido o marido e, para animá-la, Lucília a convidara para acompanhá-los na viagem. Planejavam aproveitar a cidade, mas tiveram um imprevisto infeliz. Lúcia, irmã de Arnaldo, falecera no interior de São Paulo, e todos tiveram que voltar para o funeral. Marylene ficou e representou a autora na entrega do prêmio. As duas eram companheiras do mercado editorial. Ficaram próximas porque Marylene era dona da Paraler, na época a maior rede de livrarias de Ribeirão Preto, responsável por levar à cidade diversos autores para palestras em escolas ou nas próprias livrarias da rede. Lucília era uma das convidadas recorrentes para participar desses eventos e fazer sessões de autógrafo.

Elas frequentavam juntas as edições da Bienal Internacional do Livro de São Paulo. Em algumas vezes, Marylene hospedara-se na casa que Lucília mantinha na cidade e onde morava Matilde. Durante os dias de Bienal, encontravam outros autores, editores e jornalistas, cumprindo suas próprias agendas. Enquanto Marylene circulava pelos pavilhões do evento, no Parque Ibirapuera, Lucília recebia o público leitor nos estandes das editoras, normalmente a Record, com outros autores, para autografar suas obras, os títulos de maior sucesso ou lançados mais recentemente.

**Presença no mercado**

Além da Bienal, havia muitos eventos periódicos realizados pelas associações do setor, como a Câmara Brasileira do Livro, a Fundação Nacional do Livro Infantil e Juvenil e a Academia Brasileira de Literatura Infantil e Juvenil, da qual Lucília foi presidente no biênio 1980-1981. Lucília estava em todos.

Engajada na causa de levar a literatura para um número maior de pessoas, ela também participou da criação do Centro de Estudos de Literatura Infantil e Juvenil, o Celiju, em São Paulo. A iniciativa reunia outras autoras, como Odette de Barros Mott e Isa Silveira Leal, que, assim como ela, eram mães e escreviam sobre a realidade e os problemas que os jovens enfrentavam. Em encontros mensais, elas discutiam com professoras e pessoas interessadas em literatura juvenil sobre como atrair e formar mais leitores.

Defensora da oralidade nos textos, Lucília acreditava que era preciso facilitar a leitura dos livros para aumentar o interesse do jovem, acostumado com a televisão e com histórias em quadrinhos. Dessa forma, os autores de obras infantojuvenis estariam preparando as novas gerações para a leitura dos clássicos. Ela também defendia que as emissoras de televisão adotassem obras infantojuvenis como base para as novelas do final da tarde, para aproximar os jovens da literatura.

Participar dos eventos era tão ou mais satisfatório do que os encontros com alunos em escolas. Lucília estava em seu melhor momento como escritora, premiada e reconhecida pelo público leitor e pelo mercado livreiro. As cerca de cinquenta obras que havia publicado até então eram sucesso de vendas, um bom negócio para livrarias e editoras. Em uma época em que as lojas não vendiam em consignação, como hoje em dia – fazendo o pagamento para as editoras somente após o cliente efetuar a compra –, livreiros encomendavam e pagavam por exemplares de seus títulos com a certeza de que não ficariam muito tempo no estoque.

Mesmo com cada vez mais compromissos em sua agenda, Lucília nunca deixou de promover seu nome e seus livros, ficando próxima de seus leitores. Realizava sessões de autógrafos e visitas às escolas. Na época de lançar *O amor é um pássaro vermelho*, esteve em uma tarde de autógrafos na livraria Capitu, na região de Pinheiros, em São Paulo, assinando seis títulos de três editoras diferentes, lançados em anos anteriores.

Viajou o Brasil inteiro para divulgar sua obra, levando ela própria os exemplares dos livros ou aproveitando o apoio das diversas editoras pelas quais tinha títulos publicados, já que cada uma atuava de forma mais direta em cada região. Hospedava-se na casa de conhecidos, quando era o caso. No Rio de Janeiro, ficava na casa do irmão Aguinaldo e, em Salvador, na casa dos pais de Ana Maria, esposa de Aloísio. Mas não eram viagens para visita – Lucília saía de manhã para seus compromissos, voltando apenas no fim do dia. Cumpria sua agenda com rigor e dedicação. Quando podia, Arnaldo a acompanhava nas viagens, mas muitas vezes ia sozinha ou com o motorista, Julinho.

Em Ribeirão Preto, em algumas escolas, contava com um público especial: seus netos. No início, eram apenas Marina e Eduardo, que eram os mais velhos, mas depois os outros também, conforme chegavam à idade de alfabetização. Durante a palestra, Lucília tratava todos da mesma maneira, sem distinção. Mas fazia questão de avisar a classe de que era avó de um dos alunos, especialmente se percebia que o neto ou neta tentava se esconder.

### Voos mais altos

A obra de Lucília chegou à Europa com a publicação de *Uma rua como aquela* em Portugal, pela editora Verbo, de Lisboa. O livro também foi um dos representantes do Brasil na Feira do Livro de Frankfurt, a maior e mais importante em todo o mundo até hoje. Realizado em 1978 com o tema "A criança e o livro", o evento reuniu profissionais da área de 78 países membros da Organização das Nações Unidas (ONU), antecipando o Ano Internacional da Criança, estabelecido pela instituição. Cada nação pôde expor até cinquenta títulos que fossem representativos de sua produção editorial para o segmento infantojuvenil. *Uma rua como aquela* estava entre os títulos brasileiros, selecionados pela Fundação Nacional do Livro Infantil e Juvenil.

Lucília integrou a delegação de escritores, jornalistas, bibliotecários e professores brasileiros que foram à Alemanha para participar das mesas-redondas e conferências da feira. O Brasil ainda esteve presente com estande que reuniu títulos de 29 editoras, com participação da Câmara Brasileira do Livro e do Sindicato Nacional dos Editores de Livros. De Frankfurt, Lucília seguiu com a delegação para Würzburg, a 120 quilômetros, para o 16º Congresso do Conselho Internacional sobre Literatura para Jovens (IBBY), também na Alemanha, com o tema "Histórias realistas modernas para crianças e jovens".

A consolidação de sua carreira, com o sucesso nas vendas de seus livros, trouxe independência financeira à Lucília. Não que precisasse, pois todas as contas continuaram sendo pagas por Arnaldo. Mas, com os valores que recebia dos direitos autorais, não precisava mais dele para fazer doações. Pagava os estudos para quem achasse que merecia, dava presentes sem que o marido sequer ficasse sabendo. O que sobrava, investia em terrenos em Ribeirão Preto, mas deixava os impostos a cargo de Arnaldo, que brincava: "Comprar terreno é fácil, quero ver pagar escritura e IPTU". Era com piadas assim que ele elogiava a evolução da esposa, talvez com um pouco de ciúme misturado com orgulho.

No cotidiano, a cumplicidade entre os dois era a mesma do início do casamento. Sempre que as agendas permitiam, um acompanhava o outro nas viagens – de Lucília pelo Brasil e de Arnaldo às fazendas. Observavam felizes a família crescendo, com os cinco filhos casados e os netos nascendo. Lucília via seus sonhos concretizados: era escritora e tinha uma família grande.

# União da família

Mesmo com os compromissos de escritora ocupando grande parte da sua agenda, Lucília não perdeu as rédeas das casas que administrava nem deixou de promover a união da família. Assim como na infância de seus filhos, a Santa Elza continuava sempre cheia de crianças, mas agora eram seus netos que passavam feriados e férias na fazenda. As visitas mantinham o ambiente movimentado e a nova geração acumulava novas histórias para contar. Lucília tinha energia para administrar sua carreira como autora, sem deixar de acompanhar as aventuras das crianças.

Aos 12 anos, Eduardo, filho de Aloísio, quis passar as férias de julho na Santa Elza e levou dois amigos para ter companhia nas brincadeiras. A eles se juntou o filho do eletricista, que fazia manutenção nas casas da colônia. Uma das brincadeiras preferidas dos meninos era polícia e ladrão. Certo dia, os dois que eram os ladrões saíram a cavalo para dentro do canavial, que começava perto da sede, logo que terminava o jardim. Os outros dois esperariam alguns minutos e então correriam atrás dos fugitivos em uma charrete. Para avisar que a perseguição estava começando, estourariam uma bombinha de festa junina.

Era a vez de Dudu e o filho do eletricista serem os policiais e, como combinado, jogaram a bombinha para explodir no meio das canas. Mas eles não calcularam a consequência de fazer isso no período de seca, com o canavial cheio de palha. Rapidamente, o fogo da explosão se alastrou e Dudu saiu correndo para dentro da casa, em desespero, pedindo ajuda aos avós. Enquanto Arnaldo foi cuidar de apagar o fogo, Lucília acolheu o neto, que estava aflito por ter colocado os amigos em perigo – era ele que tinha trazido a bombinha. Colocou-o em seu colo e juntos observaram o movimento dos tratores e do caminhão-pipa controlando o incêndio. Apesar do grande susto, por sorte ninguém se feriu.

Mesmo quando Lucília ficava brava com alguma travessura, não conseguia brigar com os netos. Uma vez, Luiz Roberto, filho de Ricardo, jogou água em um moedor de café. Lucília o repreendeu, falando mais firme do que de costume, e o neto se assustou. Foi o suficiente para ela recuar e não dizer mais nada. Percebeu que o neto entendera o recado e retomou sua doçura habitual.

Para manter a união entre os filhos, Lucília fazia questão de receber as famílias dos cinco para almoçar na maior parte dos fins de semana, quando não estava viajando a trabalho ou em companhia de Arnaldo.

Entrava na cozinha na véspera e avisava às funcionárias da Santa Elza quantas pessoas receberiam para a refeição. Edna aprendera a cozinhar com os mesmos livros usados pela primeira cozinheira, Isabel. Edna definia o cardápio e avisava a patroa. Conhecendo os gostos dos filhos e netos, cuidava para que houvesse pratos para agradar a todos, como sempre fora na fazenda e na casa da Avenida Santa Luzia, em Ribeirão Preto.

As mesas eram fartas. No mesmo dia, eram servidos pernil de cabrito, frango, farofa, macarrão, arroz, feijão, ovos, salada de folhas e de legumes. Tudo em abundância, a maior parte trazida da horta e do galinheiro ou de outra fazenda, como os cabritos moxotó, que seu Nhonhô havia começado a criar na fazenda São Francisco, em Junqueirópolis, região de Presidente Prudente, depois de ter comido um deles pela primeira vez em Pernambuco, de onde a raça é originária. Como não encontrava os cabritos em São Paulo, comprou vinte fêmeas e três machos, que seu piloto, Euclides, foi buscar de avião. Os animais viajaram amarrados em sacos de estopa, apenas com a cabeça para fora. Às vezes, durante os eventos, alguma das noras deixava escapar um comentário sobre o desperdício de comida, mas Lucília fingia não ouvir.

Para ela, a regularidade dos encontros era mais importante do que a comemoração de datas especiais. Tanto que, apesar de sua religiosidade, nunca fez em sua casa as festas católicas, como o Natal.

Nos primeiros anos de seu casamento, o Natal era celebrado na casa de seu Nhonhô, especialmente depois da morte de Zizi, quando ele se mudou para a fazenda Lagarto Verde. O sogro tinha um método particular para garantir o quórum da festa: dava dinheiro a quem estivesse presente. Ninguém faltava. No Natal a casa estava sempre cheia, e isso manteve a família Almeida Prado unida.

Depois da morte de Nhonhô, em 1976, Lucília e Arnaldo passaram a celebrar as festas de fim de ano na casa dos filhos, conforme foram se casando, ou na casa de cunhados ou amigos. Com isso, nem sempre estavam todos juntos, o que não era problema para Lucília.

O desapego às datas religiosas se estendia aos presentes. Com a quantidade de netos crescendo, deixou de fazer compras para as crianças no Natal. Mas garantia uma boa lembrança, em dinheiro, no aniversário de cada um. Na maioridade, quando o neto completava 21 anos, o aniversariante embolsava um valor considerável, suficiente para começar a vida.

**Sair da rotina**

Uma vez por ano, Arnaldo e Lucília pagavam uma viagem de férias para toda a família. Os destinos podiam ser Ubatuba, no litoral norte de São Paulo, ou Cancun, no México. O importante era que estivessem todos juntos, os cinco filhos e os onze netos. Mas ao longo do ano também tinham seus momentos a dois.

No final da década de 1980, compraram um apartamento no Guarujá, no litoral paulista. O prédio ficava no Morro do Maluf, de frente para o mar, onde as ondas batiam com violência nas pedras, jogando a espuma para o alto. A água chegava a respingar nas janelas de vidro do apartamento de Lucília, no segundo andar. Ela adorava.

Apesar dos 400 quilômetros que separam Ribeirão Preto do Guarujá, Lucília viajava com frequência para a praia. Como sempre, enchia o porta-malas do carro com mantimentos da fazenda e partia com Arnaldo e os caseiros da Santa Elza. Julinho ia dirigindo e Edna sentava-se atrás com Lucília.

Quase não frequentavam a praia, pois Arnaldo não gostava de ficar na areia, sob o sol. Havia dias em que pedia a Julinho para buscar uma caipirinha no quiosque, que ele bebia no apartamento. Mas, da mesma forma que estimava desbravar fazendas no interior, tinha interesse em explorar as regiões desabitadas. Na maior parte das vezes, aproveitavam o dia para conhecer outras praias do litoral norte que começavam a ser ocupadas, como a Riviera de São Lourenço, ainda uma promessa de urbanização, e Ilhabela. Sempre levavam Edna e Julinho, que ia dirigindo.

O mesmo interesse que Lucília tinha pelas pessoas, também tinha pelos lugares. Queria conhecer tudo, sobre a história e os costumes das regiões que visitava. Quando viajara para a Europa pela primeira vez com Arnaldo, levantava-se às cinco da manhã para começar cedo e concluir a maior quantidade de roteiros possível.

O Guarujá também era um lugar para momentos que pediam distanciamento do cotidiano familiar. Certa vez, Lucília convidou Liliana, filha de seu irmão Luiz Felipe, para passar uns dias com ela na praia. A sobrinha estava em um período difícil, enfrentando problemas financeiros bastante sérios, e precisava de um descanso. Lucília sabia que um montante em dinheiro facilitaria sua vida e, sem tocar no assunto ou fazer perguntas, esperou-a com um cheque pronto. Embora precisasse, Liliana não quis o dinheiro, pois não lhe parecia justo.

Após a tia insistir, ela aceitou sob a condição de que, em troca, lhe daria o quadro da artista plástica brasileira Haydéa Santiago que tinha em casa. Sempre que visitava a sobrinha, em São Paulo, Lucília gostava de se sentar no sofá em frente à obra. Admirando a pintura, dizia que se lembrava de uma fazenda que conhecera.

Voltaram do Guarujá e, assim que teve oportunidade, Liliana tirou o quadro de sua parede e o levou para Lucília. Ao receber a pintura, a tia fez questão de escrever a lápis, no verso: "Este quadro pertence à Liliana", testamentando para quem a obra deveria voltar no futuro.

O apartamento ganhou fama entre os amigos de Marina e Eduardo. Os netos mais velhos eram os únicos que tinham idade para viajar para o litoral sem os pais e aproveitaram muitos feriados, sempre em datas separadas, cada um com sua turma.

A distância, Lucília organizava a estada dos netos. Pedia à funcionária que cuidasse da alimentação e da limpeza do apartamento. Ligava para os porteiros e os deixava de plantão para dar alguma assistência caso fosse necessário, já que os meninos estariam sozinhos, da mesma forma que fazia com Isabel e Antônio na casa da Santa Luzia, quando os filhos eram adolescentes. Para ter certeza de que as coisas iam bem, ligava todas as manhãs para ouvir dos netos se precisavam de algo. Nada faltava, era sempre tudo impecável, como se ela estivesse presente.

O mesmo ritual Lucília manteve na década de 1990, quando os netos mais novos chegaram à adolescência e queriam viajar com os amigos. Se ainda não tinham idade para ir sem a presença de um adulto, ela os acompanhava, como fez algumas vezes com Mônica, filha de Ricardo. A avó ficava em casa enquanto Julinho levava a neta e as amigas para passear, durante o dia e à noite.

### Amiga para a vida

Lucília também aproveitou o tempo em viagens com as amigas. Nos meses de outubro, passava cerca de quinze dias em Nova York, em um grupo só de mulheres. Assistiam a espetáculos na Broadway, visitavam museus e faziam compras. As mais assíduas nessas viagens eram Lidia, uma das irmãs de Arnaldo, e Vanju, que se tornara sua melhor amiga desde que se conheceram, em Ribeirão Preto.

Elas tinham os filhos estudando na mesma classe, no Marista, e se encontravam nas reuniões periódicas entre pais e mestres. Aproximaram-se pelas afinidades, as duas casadas com fazendeiros e com filhos da mesma idade. Das trocas de experiências sobre a educação das crianças, passaram para conversas sobre o cotidiano da casa e do casamento. Logo estavam combinando viagens.

Em uma das vezes em que foram aos Estados Unidos, Lucília quis fazer algo diferente e teve a ideia de conhecerem o Caribe embarcando em um navio em Miami. Seria uma ousadia, porque levavam malas de inverno e precisariam de roupas de verão. Mesmo assim, as amigas toparam, e só no navio descobriram que Lucília saíra do Brasil já pensando em mudar a rota, pois tinha levado uma mala completa, com roupas de verão lindíssimas. No entanto, ela quase não as usou.

Alguém dissera a ela que o vapor quente do banho era bom para desamassar roupas. Após se arrumarem para o jantar, Lucília pendurou suas peças em cabides, colocou-as no banheiro da cabine e ligou o chuveiro na água quente. Ela só não calculou que elas demorariam para voltar do jantar. Depois de quatro horas no banheiro com o chuveiro ligado, as roupas ficaram encharcadas. Lucília acabou tendo que improvisar, assim como as amigas, que estavam sem roupas de verão.

A amizade entre Vanju e Lucília uniu seus maridos, embora eles fossem o oposto um do outro. Gabriel era divertido e bem-humorado, vivia com leveza. Era o mais novo de seis irmãos, mimado pela mãe e pelas quatro irmãs. Já Arnaldo era o filho homem mais velho entre oito e, como era costume na época, seria responsável pela família na ausência do pai. Acabou não sendo seu caso, mas seu Nhonhô o preparara para ser o arrimo, caso faltasse. Ele crescera com o peso da obrigação de reproduzir o pulso firme do pai. E brincava com o amigo: "Na próxima encarnação, quero nascer Gabriel".

**Apoio necessário**

Embora comandasse com maestria as questões familiares, ao mesmo tempo que vivia sua carreira com independência, Lucília sentia certa falta de autonomia, porque não dirigia. Dependia da disponibilidade de Arnaldo, dos filhos mais velhos ou de algum motorista da fazenda para levá-la aonde quer que precisasse. Aprendeu a dirigir e tirou habilitação, mas nunca foi sua melhor experiência. Tinha especial dificuldade em compreender o funcionamento do câmbio para acertar a passagem de marchas.

Marina percebeu essa inaptidão em sua primeira carona com a avó. Aos 11 anos, quando morava em um condomínio de casas em Ribeirão Preto, Lucília foi buscá-la depois do almoço para levá-la à aula de Inglês. Saindo do condomínio, na descida da avenida em direção ao centro da cidade, Lucília reduziu da segunda para a primeira marcha, fazendo o motor ranger mais alto. Logo corrigiu o câmbio, mas não escapou do comentário da neta mais velha: "Tem alguma coisa errada! Isso não acontece quando minha mãe dirige". Episódios como esse faziam com que os passeios de carro com a avó fossem marcantes e motivo de piada entre os netos.

Talvez porque Lucília soubesse que a direção não era seu forte, preferia ir de carona sempre que havia alguém disponível para levá-la. Aos poucos foi abandonando a direção e cada vez mais contando com a parceria de Julinho. Ele viajava bastante com Arnaldo, mas nos intervalos ficava à disposição da casa da Santa Elza, e Lucília pedia que a levasse a Morro Agudo, Orlândia ou Ribeirão Preto.

Também era Julinho quem buscava encomendas para Lucília. Certa vez, ela quis fazer um vestido novo para usar como madrinha de casamento. Julinho a levou à costureira duas vezes, em Ribeirão Preto, para tirar as medidas e fazer a prova. Quando o vestido ficou pronto, no dia do casamento, ele só precisou ir buscar. Estacionou em frente ao ateliê de costura e trancou o carro.

A costureira lhe entregou o vestido embalado em um pacote bem fechado, mas que lhe ocupava as duas mãos. Julinho precisou colocar o pacote sobre o teto do veículo para pegar a chave no bolso. Saiu em direção à fazenda e, após rodar mais de um quarteirão, lembrou-se do vestido. Olhou nos bancos e teve certeza de que se esquecera de pegar o pacote antes de entrar. Com o arranque, pensou, o pacote teria caído. Voltou procurando-o no chão pelo trajeto, mas não o encontrou. Imaginou que, talvez, a costureira o tivesse encontrado e guardado. Voltou ao ateliê, mas também não estava com ela. O vestido estava perdido.

Sentindo-se em apuros, foi encontrar Isabel, procurando algum consolo. A cozinheira o aconselhou a fazer o que ele já sabia que tinha de ser feito: avisar a patroa. Ligou para Edna, que estava na fazenda, e pediu-lhe que avisasse Lucília. Recebeu um sonoro não da esposa: "Você vem aqui e fala". Os três estavam aflitos com a reação de Lucília, embora soubessem que ela nunca desrespeitava ninguém. Quando algo a desagradava, chamava para uma conversa particular, franca e construtiva, sem alterar a voz nem fazer ameaças.

No entanto, além de ser uma situação inusitada, eles não viam saída para o problema. Com que roupa ela seria madrinha no casamento? Quanto mais pensavam nisso, mais agoniados ficavam. Sentiam como se eles próprios tivessem perdido um vestido que usariam naquela noite.

Antes de pegar a estrada rumo à Santa Elza, Julinho ainda tentou se acalmar ouvindo as palavras de apoio de Isabel. Assim que chegou à fazenda, foi ao encontro de Lucília, que estava na varanda conversando com a cunhada Branca, esposa de Aguinaldo. Eles também iriam ao casamento naquela noite. Sorridente e tranquila, Lucília perguntou se tinha dado certo. Chateado, ele respondeu que não, e ela achou que a costureira não tivesse terminado o serviço. O motorista explicou o que acontecera e, para sua surpresa, Lucília não se importou. "Não fique triste, isso não é nada. Eu tenho outro."

### Mudança de rota

Com essa mesma tranquilidade, Lucília tentou deixar os filhos à vontade para vivenciar a carreira que quisessem escolher. Por respeito ou senso de responsabilidade, todos acabaram preferindo se dedicar ao patrimônio construído por Arnaldo, ainda que antes alguns tenham seguido caminhos próprios. Ricardo foi executivo na TV Globo; Aguinaldo, operador da Bolsa de Valores de São Paulo; e Sebastião Neto trabalhou como engenheiro autônomo, com escritório em Orlândia. Observando Arnaldo, todos aprenderam a lidar com as fazendas, assim como Papu, que se formou na escola da vida, trabalhando com o pai.

Aloísio foi o único que sentiu alguma pressão sobre sua escolha profissional. Talvez porque sua sensibilidade para as artes tenha provocado em Arnaldo o receio de que o primogênito se afastasse demais da realidade da família. Afinal, para ele, o homem da casa deveria ser o provedor. Depois de cursar Agronomia, Aloísio dedicou-se ao trabalho no campo. Mas manteve aceso seu impulso artístico e, após completar 50 anos, começou a pintar e escrever. Único que seguiu os passos da mãe, tem quatro livros publicados e muitas telas pintadas. Desde que se aposentou, brinca que é fiscal da natureza.

Quando os cinco já estavam trabalhando com Arnaldo, Lucília achou que era o momento de fazer alguma divisão do patrimônio entre os filhos. Entregar uma fazenda para cada um tomar conta sozinho, sem interferência dos irmãos ou do pai, para que tivessem autonomia e aprendessem a confiar nas próprias decisões.

Pensando em diminuir seu próprio ritmo, Arnaldo concordou, mas não quis se envolver. Apenas combinaram que Aguinaldo, então com menos de 30 anos, deveria ser sócio do mais velho, Aloísio, que seria seu tutor. Com seu perfil conciliador, Lucília conseguiu guiar os irmãos a fazerem a partilha sem brigas, diferentemente do que é comum em situações como essa em outras famílias.

Arnaldo passava dos 65 anos e os primeiros sinais do Alzheimer estavam aparecendo. Todos percebiam seus esquecimentos frequentes, e estava claro que algo não ia bem. Aguinaldo começou a tomar conta das finanças da mãe e, junto com Arnaldo, preparou uma procuração que dava a Lucília plenos poderes sobre os bens do marido. Imaginava que talvez isso fosse necessário no futuro, como realmente aconteceu.

Os irmãos também se preocupavam com a segurança dos pais vivendo na fazenda. Apesar da estrutura de funcionários que poderiam ajudar no caso de um acidente doméstico ou qualquer necessidade, estavam distantes da assistência médica disponível nos centros urbanos. Quando Arnaldo passou a ter lapsos de orientação, os filhos insistiram para que se mudassem para a cidade. Resolveram morar em Orlândia, onde ficava o escritório de Arnaldo. Quando os médicos fecharam o diagnóstico do marido, Lucília precisou pensar sobre os rumos de sua carreira.

# A vida pede pausa

Para a nova fase da vida, em Orlândia, Lucília procurou uma casa térrea, que não oferecesse riscos de acidentes a Arnaldo. Comprou uma simples, mas espaçosa, com duas salas, duas copas e quatro suítes. Como em todas as suas casas, manteve o hábito de separar os quartos de hóspedes pelas cores das roupas de cama e de banho. Além da sua suíte, preparou o quarto azul, o amarelo e o vermelho. Para compensar a ausência de quintal, um grande jardim com gramado e canteiros de flores enfeitavam a frente e a lateral da casa.

Fizeram a mudança em um sábado, em 1990, e, no dia seguinte, chegou o reforço que a manteria em boa companhia e a ajudaria a cuidar do marido. Eram Edna e Julinho, os funcionários da fazenda Santa Elza que Lucília convidou para se mudarem junto com eles. O convite agradou ao casal, que, além de ter família em Orlândia, já tinha uma casa para morar – presente que haviam ganhado da própria patroa.

Para Lucília, o apoio dos dois era fundamental em sua rotina. Como conheciam as preferências de Arnaldo e haviam acompanhado o desenvolvimento de sua doença, saberiam lidar com ele caso ela se ausentasse por algum motivo. Naquela época, Arnaldo precisava de atenção em período integral, principalmente porque, se saísse sozinho, se perderia e não saberia voltar. Certa vez, em Ribeirão Preto, os filhos tiveram que procurá-lo de carro pelo bairro, porque não o encontraram nas proximidades da casa.

A família já sabia que era preciso trancar as portas e esconder as chaves. Mesmo assim, às vezes escapava sem que ninguém percebesse. No entanto, em Orlândia a fuga era menos preocupante. Além de a cidade ser menor, praticamente todos os seus moradores conheciam Arnaldo e Lucília. Sempre haveria alguém que o levaria de volta.

Além do perigo de se perder, até então Lucília não tinha outras preocupações com Arnaldo, que havia se tornado mais doce desde que o Alzheimer se manifestara. Era como se a doença lhe tivesse tirado a máscara de severidade. Divertia-se com os netos rindo de suas próprias brincadeiras, como quando chamava Lucília de velha, e ela, fingindo estar brava, retrucava dizendo que não podia ser chamada daquela maneira.

Arnaldo também brincava assim nas viagens de carro para o Guarujá, puxando assunto com a esposa, que ia sentada no banco de trás com Edna: "Está confortável aí, minha velha?". Julinho, dirigindo ao seu lado, achava graça de seu jeito descontraído, tão diferente de outros tempos, quando dirigia para ele nas visitas às fazendas e passavam dias na estrada, dividindo o quarto e as refeições.

No apartamento da praia, Arnaldo cantarolava as músicas de abertura da novela que estivesse passando na televisão. Quando ia se deitar antes da esposa, no caminho em direção ao quarto, percebia que não se lembrava de qual lado da cama costumava dormir. Lucília, querendo que o marido exercitasse a memória, dizia que também não sabia, que ele deveria tentar se lembrar. Arnaldo recorria a quem estivesse com eles, normalmente Edna ou Isabel, mas elas não tinham como ajudar. Nunca haviam reparado na disposição dos pijamas quando arrumavam as camas pela manhã. Algumas vezes, ele acertava o lado.

Lucília ia para o litoral para proporcionar ao marido novas experiências, além de descansar da rotina caseira que adotara em Orlândia, que para ela era bastante monótona. Em casa, ele só queria jogar cartas e a convidava o tempo todo. Pacientemente, Lucília atendia seus pedidos e, a cada partida de buraco, fingia que era para valer, apesar de ele se atrapalhar e não entender o andamento do jogo.

Aos domingos, pela manhã, iam à missa na Igreja Matriz São José. Lucília parecia uma estrela de televisão quando chegava. Alguns moradores mais simples, que talvez nunca tivessem saído de Orlândia, ficavam encantados com sua beleza e com suas roupas. Lucília sentia-se como uma rainha admirada por seus súditos, mas não alterava sua postura. Com a mesma desenvoltura com que entrava nas casas dos colonos da fazenda, sem cerimônia nem fazendo pompa com sua própria chegada, entrava na igreja como todos os fiéis, provocando ainda mais admiração entre as pessoas.

Nos bastidores, Lucília não deixava de exercer sua generosidade e conquistava os integrantes da diocese. Soube pelo padre da Paróquia Cristo Rei que uma família de antigos funcionários da Santa Elza passava por necessidade. Comprou e reformou uma casa próxima à igreja, que ficava a um quilômetro e meio distante da matriz, para o casal morar com as três filhas. Continuou ajudando-os durante muito tempo, pois apenas a mulher trabalhava desde que o marido ficara paraplégico, após sofrer um derrame. Regularmente ela os visitava. Acompanhou o crescimento das filhas e o nascimento dos netos.

No entanto, chegou uma época em que Lucília começou a se incomodar com o que via. As filhas e os netos já estavam crescidos e não trabalhavam, não ajudavam em casa. Percebeu que não cuidavam do imóvel, que se deteriorava. Com muito jeito e delicadeza, pediu a casa de volta. Esperou o tempo que foi necessário para a mulher, que já estava viúva, encontrar outro lugar. Ao receber o imóvel, doou-o ao padre da Cristo Rei para o desenvolvimento de projetos sociais da igreja voltados para crianças.

Lucília ainda continuaria atuando em projetos da diocese mesmo depois de se mudar de Orlândia. Em 2004, foi uma das principais apoiadoras da construção da Capela Mãe Rainha, no bairro Jardim Teixeira, próximo à saída da cidade em direção a São Joaquim da Barra.

**Cuidado em dobro**

A nova personalidade de Arnaldo, mais leve e descontraída, melhorou seu relacionamento com Matilde, mãe de Lucília. Quando ela faleceu, poucos meses antes da mudança para Orlândia, os desentendimentos entre os dois haviam praticamente desaparecido. Antes os atritos eram comuns porque ele não aceitava alguns comportamentos da sogra, embora tentasse evitar o conflito em respeito à esposa. Muitas vezes, deixava de ir a São

Paulo com Lucília, a casa que ele próprio sustentava, para não se encontrar com Matilde.

Apesar dos choques entre os dois, ainda antes de se mudar para Orlândia, Lucília percebera que era o momento de trazer a mãe para mais perto. Sem se desfazer da casa na Rua Taufik Camasmie, em São Paulo, convidou-a para morar na Santa Elza. Seria mais fácil cuidar dela sem precisar estar longe de Arnaldo, que estava na fase inicial do Alzheimer.

Além disso, Matilde já estava mais reclusa. Não tinha fôlego nem idade para as temporadas como hóspede nas casas dos netos, que Lucília passara a organizar desde que Aloísio, o mais velho, se casara. Pela afinidade que tinha com o primogênito, todos os anos ela ficava o mês de julho inteiro em sua casa. Conforme os outros netos foram se casando, a programação incluiu uma ou duas semanas na casa de cada um deles, ao longo dos meses de dezembro e janeiro, acompanhando as férias escolares.

O período garantia que Lucília não tivesse que lidar com as desavenças entre a mãe e o marido, além de lhe dar uma pausa nas interações e cuidados com Matilde. Embora fosse a única filha mulher, as duas não tinham quase nada em comum, além dos cuidados de beleza e com a aparência.

Matilde estava sempre com o cabelo arrumado e maquiada, mesmo nos dias em que não saía de casa. Tratava os funcionários com certo distanciamento, o que podia parecer arrogância. Talvez tenha sido sua origem de família quatrocentona que lhe provera de certa dose de orgulho. Era descendente do Barão de Souza Queiroz, filho do Brigadeiro Luís Antônio de Souza, que dá nome à avenida em São Paulo que liga o Itaim ao centro da cidade, passando pela Avenida Paulista. Ou talvez ela tenha criado uma fachada de prepotência, tentando mostrar firmeza, com o intuito de compensar o comportamento errante do marido.

Cheia de regras, metódica e implicante, fazia questão de impor a sua vontade. Quando Aguinaldo, filho mais novo de Lucília, morou com ela em São Paulo, na década de 1970, usavam o mesmo banheiro. Ele tomava uma ducha rápida de manhã, antes de sair para trabalhar. Quase sempre, Matilde entrava antes dele e enchia a banheira para tomar um longo e tranquilo banho matinal. Parecia provocação. Para não se atrasar, Aguinaldo usava o outro chuveiro, que era horroroso. Até que, irritado, ele começou a trancar a porta do banheiro na véspera e guardar a chave. Avó e neto ficaram quinze dias discutindo, até que Matilde cedeu e combinaram que ela o esperaria.

Lucília era o oposto de Matilde em quase tudo e, eventualmente, dava razão a Arnaldo quando ele se incomodava com as provocações e os caprichos de sua mãe. Mas tentava amenizar os conflitos, sem deixar de defender os argumentos de Arnaldo, convencendo-o de que era desnecessário ele se desgastar com as atitudes da sogra.

**Netos por perto**

Os desafios que Lucília enfrentou no início dos anos 1990 não foram apenas em razão da doença do marido. Nessa época, também precisou lidar com a separação de Papu, que ficou com a guarda dos filhos – Arnaldinho com 8 anos, e André com 3. Desde então, Lucília passou a ajudar o filho na criação dos dois, especialmente depois que a mãe dos meninos foi morar nos Estados Unidos.

Sem contrariar o rigor das regras impostas por Papu, o filho que mais se parecia com o pai entre os cinco, adoçava ao máximo a vida dos netos. Comprou um filhote de cachorro, que ficava em sua casa, e o deu de presente a André quando ele quis ter um animal de estimação e o pai não permitiu. Mas também cobrava dedicação aos estudos e ensinava-lhes boas maneiras quando era preciso.

Muitas vezes, Arnaldinho e André passavam o dia na fazenda Santa Elza ou na casa em Orlândia. Nessas ocasiões, Lucília contava com o apoio de Edna e Julinho para correr atrás das crianças. Em casa, ela intermediava as brigas entre os netos e o avô, que se tratavam como se fossem iguais. Especialmente André, que respondia com braveza às provocações de Arnaldo e ficava ainda mais nervoso quando o avô ria da sua reação.

O clima de guerra entre os dois era frequente também nas viagens em família, quando Lucília contava com a ajuda da primeira neta, que dividia o quarto do hotel com o primo mais novo. Na vez em que foram ao México, Lucília aproveitava quando saíam do hotel para fazer compras e deixava o marido e o neto com Marina para entrar em uma loja. Precisava de um pouco de sossego para escolher o que comprar ou apenas de um tempo sem ouvir os desentendimentos entre os dois.

Na maior parte do tempo, entretanto, os netos adoravam estar perto e brincar com o avô. Riam de suas confusões, de seus esquecimentos, brincavam com ele e, às vezes, abusavam de sua ingenuidade, principalmente os mais velhos, já adolescentes. Em uma dessas vezes, também no México, Lucília entrou na brincadeira.

Os netos pediram à recepção do hotel que ligasse para o quarto e tratasse o avô como se ele fosse o compositor de "Mula Preta", um dos maiores clássicos da música sertaneja. O recepcionista deveria avisá-lo de que um grupo de fãs o esperava no saguão para tirar fotos e receber autógrafos. Avisada pelos netos, quando tocou o telefone, Lucília atendeu e passou para o marido, fingindo seriedade e interesse pela conversa. Esperava que o marido fosse negar o convite, mas Arnaldo começou a se arrumar para descer.

Quando percebeu que o marido tinha caído na brincadeira, tentou alertá-lo, mas ele já estava convicto. No caminho do quarto para a recepção, entretanto, esqueceu-se da história e já não sabia mais para onde estava indo. Pacientemente, Lucília levou-o de volta, cuidando dele como se fosse uma criança enganada pelos amigos.

### Entre viagens

As questões familiares passaram a ocupar cada vez mais a agenda de Lucília, e, após nove anos consecutivos de produção, ela interrompeu os lançamentos em 1988. Retomou em 1992, em ritmo muito mais lento, publicando apenas quatro livros na década de 1990.

Apesar dos percalços do momento que vivia, Lucília obteve sucesso nas vendas, especialmente com *Fiz o que pude*, lançado em 1992. Ambientado no universo dos animais, o livro conta a história de um incêndio na floresta e do passarinho que, apesar de seu pequeno tamanho, faz o que está a seu alcance para tentar apagar o fogo. Vinte e cinco anos depois de seu lançamento, o livro teve uma terceira edição impressa pela editora Moderna.

No ano seguinte, publicou *A verdadeira história de Babi*, sobre a filha de um fazendeiro que recebe ajuda dos animais de casa para cuidar de um filhote de veado que seu pai encontrara perdido. Em 1994, a editora Record apresentou ao mercado *O rio da vida,* durante a 13ª edição da Bienal Internacional do Livro de São Paulo. A obra narra a história do menino índio Siruari, abordando tradições e lendas indígenas. Nesse mesmo ano, lançou *O último dia de férias,* que dedicou às novas e queridas amigas de Orlândia. O livro conta a anedota de um vendedor de animais que usa uma peça de antiguidade para atrair compradores.

Apesar dos poucos lançamentos, seus livros ainda eram adotados pelas escolas, e Lucília seguia recebendo convites para participar de eventos com alunos. Para conciliar sua agenda com os compromissos relacionados à saúde de Arnaldo, restringiu os destinos de suas viagens para divulgação de seu trabalho ao estado de São Paulo. Apenas de vez em quando abria exceções para viajar a outras cidades. As visitas garantiam-lhe momentos de diversão e nutriam sua vaidade com homenagens que muitas vezes alunos e professores prestavam a ela. Conhecer a autora dos livros que faziam parte dos seus estudos deslumbrava as crianças.

Quando ia a São Paulo, hospedava-se na casa da sobrinha Liliana, que a ajudava nos cuidados com Arnaldo. Sem a estrutura de apoio que tinha em Orlândia, de funcionários e enfermeiro, temia passar por alguma dificuldade se estivesse sozinha com ele. Quando saía para seus compromissos, Liliana fazia companhia ao tio.

À noite, jantavam todos juntos e Lucília contava sobre os casos da sala de aula. Também eram momentos em que ela podia conversar de mulher para mulher, com trocas de experiências e percepções sobre a vida que Lucília não abordava com seus cinco filhos. Por sua trajetória e postura em relação à vida, era exemplo para as sobrinhas, que gostavam de ouvir seus conselhos e histórias. Tentavam, às vezes, copiar o que ela fazia, mas nem sempre tinham sucesso.

Certa vez, Lucília jogou na piscina da Santa Elza um móvel antigo que estava infestado de cupins. Depois de uma semana, mandou os funcionários da fazenda retirarem o móvel de madeira maciça da água e o deixou secando ao sol. Resolveu o problema: os cupins sumiram. Liliana tentou fazer o mesmo com um armário de madeira compensada que tinha em casa, mas não funcionou. As folhas de madeira se desprenderam quando entraram em contato com a água e o armário acabou indo para o lixo.

Entre os compromissos que tinha em São Paulo, incluíam-se procedimentos estéticos. Se não conseguisse encaixar uma sessão com o cirurgião plástico em sua agenda, marcava uma viagem exclusivamente para fazer o que desejava. Em uma dessas vezes, deixou Arnaldo na casa de Liliana e avisou que voltaria um pouco mais tarde que o de costume. O marido não saberia o motivo da viagem e Liliana teria que distraí-lo. Quando chegou, já era noite. Lucília amarrara um lenço na cabeça, cobrindo-lhe também a testa, onde estavam as marcas do procedimento recém-realizado. Arnaldo nunca soube nem desconfiou do que ela fizera.

Quando não levava Arnaldo, passava poucos dias fora de casa. Viajava de carro com o motorista Mané Messias, nascido e criado na Santa Elza. Depois de ser tratorista na fazenda, ele passou a trabalhar como motorista da família, primeiro para Arnaldo e Lucília e depois ajudando Papu com os filhos pequenos. Arnaldo ficava em casa sob os cuidados de Edna e Julinho.

Para fazer companhia a Arnaldo, a família contratou Euclides, piloto de avião aposentado que trabalhara para seu Nhonhô. A ideia veio de Aguinaldo, quando percebeu a amizade que existia entre o pai e o antigo funcionário. Certa vez, com dificuldades para contratar um bom piloto, pediu indicação a Euclides, que queria continuar trabalhando, mas não conseguia renovar sua documentação por causa da idade. Ele lhe sugeriu Ronaldo, um profissional em formação que poderia voar sob sua supervisão.

Aguinaldo aceitou fazer um teste e foram os quatro para Rondônia. Lá, ele viu que Arnaldo aceitava os convites do antigo piloto para andar pela fazenda, deixando-o livre para trabalhar. Decidiu que, com Ronaldo e Euclides, ele ajudaria a mãe ao tirar o pai de casa para fazer as visitas mensais às propriedades. No resto do tempo, o piloto e amigo ficaria em Orlândia com Arnaldo.

Andavam juntos para todos os lados, especialmente quando Lucília precisava se ausentar. A chegada de Euclides deu alguma liberdade a ela. Sabendo que haveria sempre alguém cuidando do marido, conseguia realizar seus planos com mais tranquilidade. As idas para São Paulo já dependiam menos da disponibilidade da sobrinha Liliana e, algumas vezes, recorria à neta Marina, que fazia faculdade na capital e estava acostumada a salvá-la nesses momentos.

Euclides também acompanhava Arnaldo quando Aguinaldo o levava para Mato Grosso ou Rondônia. Tentando ajudar a mãe, ele tirava o pai de casa para fazer as visitas mensais às fazendas. Arnaldo sentia-se responsável pelo trabalho e acompanhava o filho com orgulho e seriedade. Quando chegavam, Aguinaldo só conseguia trabalhar porque Euclides partia de avião com Arnaldo para longe, fingindo que estavam averiguando as terras.

## A partida

Apesar das pausas que conseguia, com o suporte da família e dos funcionários, os anos foram intensos para Lucília. Por recomendação dos filhos e das noras, em meados de 1996 ela foi passar uns dias na Itália com a amiga Vanju. A doença de Arnaldo evoluíra bastante e, talvez, ele nem sequer percebesse a ausência dela. Avaliou que precisava de descanso e foi, embora tenha passado os dias pensando em como estavam as coisas no Brasil.

A pausa valera pelo descanso e para poupá-la de um desgaste adicional. Ao voltar, soube que o marido tivera um princípio de pneumonia e precisara ser internado. Já estava recuperado, de volta a casa, mas com a saúde bastante debilitada. O prognóstico médico não era bom.

No fim do ano, a família resolveu fazer a ceia de Natal em Orlândia, pois era provável que fosse a última com Arnaldo entre eles. Seria a primeira e única festa de Natal realizada em sua própria casa. Mas, para poupar Lucília, as noras resolveram todos os detalhes. Era como se ela fosse convidada em sua própria casa, do jeito que queria. Também pela primeira vez saiu do papel de liderança, de pensar em tudo e cuidar de todos.

Ana Maria, então esposa de Aloísio, que estava na família havia mais tempo, liderou a organização e definiu com Edna os pratos que seriam servidos na ceia e no almoço do dia seguinte. Reuniram-se todos os filhos, com as esposas e os onze netos. Apesar da saúde frágil, já em cadeira de rodas e bastante magro, Arnaldo participou da festa. As luzes de Natal enfeitando a casa disfarçavam o ar de despedida do encontro.

Menos de um mês depois, Arnaldo foi internado na Santa Casa de Orlândia. Os cuidados em casa já não lhe garantiam o mesmo conforto. Lucília ficava com o marido no hospital, fazendo-lhe companhia, mesmo depois que ele entrou em coma, sem previsão de melhora. Revezavam-se com ela o motorista Julinho e o enfermeiro Carlos, que fora contratado pela família meses antes.

Na tarde de 20 de janeiro de 1997, Lucília estava no hospital e saiu para tomar um banho em casa. Pediu ao enfermeiro que ficasse com Arnaldo até que ela voltasse. Mal chegara e o telefone tocou. Era Carlos querendo falar com a patroa. Parece que Arnaldo esperara Lucília sair para partir sem que ela presenciasse.

Lucília ouviu a notícia com serenidade. Sabia que tanto para ela como para o marido era um descanso, mas não conteve as lágrimas. Era a primeira vez que Edna e Julinho viam a patroa chorar, e talvez tenham sido os únicos a presenciar sua fragilidade naquele momento de dor. Contou para eles, de maneira breve, sem detalhes que não vinham ao caso. Os dois permaneceram ao seu lado, em silêncio, compartilhando o pesar e oferecendo o apoio que fosse possível.

Para a família, o falecimento de Arnaldo também representou descanso. Os últimos anos haviam sido doloridos e cansativos também para os filhos de Lucília, preocupados com o desgaste físico e emocional da mãe. Queriam, agora, que ela se mudasse para Ribeirão Preto, onde os cinco moravam.

Os filhos já vinham administrando as fazendas que haviam permanecido com Arnaldo e Lucília após a primeira divisão dos bens, na época do diagnóstico do pai. Seis meses antes de ele falecer, formalizaram a divisão do patrimônio entre os cinco, com a concordância da mãe, usando a procuração preparada por Aguinaldo anos antes. Sem interferir nas decisões, ela deixou tudo a cargo dos filhos, com seu usufruto, como é até hoje.

A virada do milênio veio com mais uma perda difícil para Lucília. Seu irmão mais novo, Aguinaldo, faleceu em 2002, em decorrência de um câncer, depois de passar algum tempo em tratamento. Mas enquanto uma geração se despedia desta vida, uma nova começava a se formar. Em 2000 e 2001 nasceram, respectivamente, Maria Eugênia e Maria Clara, suas duas primeiras bisnetas, filhas de Luiz Roberto e netas de Ricardo.

# Redescobrindo prazeres

A Praça Luís de Camões, no centro de Ribeirão Preto, foi inaugurada na segunda metade da década de 1930. Quando ainda era jovem e nem sequer conhecia Arnaldo, Lucília a atravessou com suas amigas, passando pelas mudas de árvores recém-plantadas. Estavam a caminho da Sociedade Recreativa e de Esportes, clube da elite da época, onde haveria uma festa. Naquela ocasião, jamais imaginaria que, quase sessenta anos depois, quando as árvores já alcançavam trinta metros de altura, ela olharia diariamente para suas copas.

Quando Arnaldo morreu, a casa da Avenida Santa Luzia já não pertencia à família. Para ter onde ficar quando fossem para a cidade, Lucília mantinha um apartamento no centro, mas o imóvel foi ocupado por Papu e seus filhos depois da separação. Assim, ao retornar para Ribeirão Preto como viúva, Lucília precisou de um novo lar. Ainda em 1997, por insistência dos filhos, mudou-se para um apartamento no décimo terceiro andar de um edifício de alto padrão, com uma grande sacada voltada para a praça.

Julinho continuou como seu motorista, fazendo duas vezes por dia o trajeto entre Ribeirão Preto e Orlândia, para ir e voltar. Ficava à disposição de Lucília, que havia algum tempo desistira de dirigir. Também fazia as compras da casa, além de levar e buscar encomendas e tratar dos passarinhos nas gaiolas que cobriam a parede do pequeno terraço. Eventualmente, voltava para Orlândia mais tarde, quando Lucília ia a uma peça de teatro ou ao cinema à noite. Se estava sozinha, convidava Julinho para acompanhá-la, e assim foram parceiros em muitas atrações.

Nos eventos sociais, na casa de alguma amiga ou em festas, Julinho esperava na área reservada aos funcionários dos convidados. Em casamentos, especialmente, Lucília surpreendia os outros motoristas quando aparecia entre eles com um doce ou um bem-casado para Julinho experimentar. Às vezes algum deles, atônito, perguntava: "Ela faz isso sempre?", e ele respondia, também estranhando a reação do colega: "E a sua patroa, não?".

Também Isabel continuou com Lucília no apartamento. Nessa época, a cozinheira já morava em sua própria casa, em Ribeirão, a segunda que ganhara da patroa – a primeira era em Orlândia. Quando o imóvel fora entregue, anos antes, Lucília planejava comprar ainda os móveis e equipamentos, mas Isabel estava tão ansiosa por ter pela primeira vez na cidade um lugar só seu que, assim que recebeu as chaves, instalou-se na nova residência, sem reformá-la nem pintá-la. Não quis esperar a patroa, que fora viajar antes de concluir a mudança.

Enquanto Lucília morou em Orlândia, Isabel ficou com tempo ocioso e passou a se ocupar cozinhando sob encomenda, recebendo um dinheiro extra – algo combinado entre as duas. Quando Lucília mudou-se definitivamente para o novo apartamento, voltou a trabalhar todos os dias da semana para ela. Manteve, no entanto, as encomendas, que preparava em casa, à noite ou nos fins de semana, pois já tinha formado uma boa clientela.

**Almoços de terça**

Às vezes, Isabel pensava em parar de trabalhar, mas temia sentir falta da agitação da cozinha, dos colegas e da convivência com a patroa. Com o passar do tempo e a idade avançando, porém, sentia que estava chegando a hora. Em 2016, Julinho tinha acabado de se aposentar e Isabel achou que deveria seguir os passos do colega. Não deixaria, entretanto, de fazer seus pratos sob encomenda. No acerto de contas, Lucília combinou com os dois funcionários o pagamento de salários vitalícios e, na falta dela, a família assumiria esse compromisso. Seria uma forma de retribuir a eles pelo tempo de dedicação ao lado dela.

Para substituir Isabel, Lucília trouxe Fia, que havia trabalhado com Aloísio durante muitos anos, primeiro como arrumadeira na casa em Ribeirão Preto e, em seguida, como caseira na fazenda Sant'Ana da Porangaba. Cerca de um ano depois, Neusa, irmã de Fia, também foi trabalhar no apartamento. As relações de Lucília com os funcionários sempre foram de longo prazo. Por isso, era comum que eles trabalhassem eventualmente na casa de um dos filhos ou em alguma das fazendas da família.

Quando Aguinaldo se casou, Lucília já não precisava manter uma casa montada, com funcionários à disposição em Ribeirão. Sugeriu que o filho ficasse com a arrumadeira Cida Bonette, que auxiliara Isabel por quase vinte anos. Cida trabalhou com ele por outros trinta anos, cuidando da casa e das duas filhas de Aguinaldo, Isabel e Vitória.

Desse mesmo jeito, Lucília colocou a arrumadeira Elzinha, que nascera e trabalhara na fazenda Santa Elza, na casa de Papu, agora seu vizinho. A moça seria seus olhos e braços na casa do filho, ajudando-o a criar seus dois meninos. Era a segunda vez que Lucília colocava a funcionária na casa dele. Na primeira, quando ainda era casado com Maura, a então nora não gostou da interferência e dispensou a ajuda.

Lucília não se incomodou e assumiu Elzinha. No futuro, ainda pagaria seus estudos até ela se formar advogada. Evitava desentendimentos com as noras, respeitando suas decisões, da mesma forma que sempre respeitou as escolhas dos filhos. Entretanto, eventualmente, pequenos atritos apareciam. Ficava incomodada quando eles se dedicavam excessivamente às famílias das esposas, deixando de conviver com seus irmãos e sobrinhos. Esperava que se espelhassem na relação que ela manteve com Luiz Felipe e Aguinaldo.

Entre seus esforços para promover essa união, estabeleceu almoços semanais para toda a família às terças-feiras, no apartamento. Todos estavam convidados e não precisavam confirmar presença. Bastava aparecer até meio-dia e meia, quando a mesa era posta, como sempre, com muita variedade e fartura.

No início, Isabel cuidava de tudo. Depois que se aposentou, encaixou em sua agenda de preparo de encomendas as idas à casa de Lucília, uma vez por semana, no dia do almoço, quando levava já prontos seus famosos pasteizinhos, fritos em sua casa. A presença de Isabel fazia bem às duas e à família. Aloísio, quando chegava, ia primeiro à cozinha para encontrá-la e saber qual seria o cardápio. Só depois cumprimentava a mãe e os demais.

**A vez das amizades**

Na cidade, Lucília ficou mais perto de Vanju e Gabriel, que lhe deram apoio após a mudança. Eles haviam se distanciado e deixado de ir a Orlândia quando a doença de Arnaldo estava avançada. Sentiam que Lucília precisava de privacidade e achavam que as visitas poderiam atrapalhar a rotina. Mas a amizade se mantivera.

Também foi uma época em que eles viajaram muitas vezes para a Europa, porque Gabriel recebera de herança uma casa que fora de seu bisavô – uma construção inteira de pedra, com mais de duzentos anos, em Marina di Camerota, na Itália. Quando se reaproximaram, convidaram Lucília para passar um tempo com eles, e acabaram ficando mais de seis meses na Europa.

Depois dos anos dedicados aos cuidados com Arnaldo, ela aproveitou a autonomia da viuvez para viajar, além de ser uma forma de se distrair. Planejava os roteiros pessoalmente, de acordo com o que queria visitar, algumas vezes imaginando o cenário de algum livro que ainda pensava em escrever.

Na Europa, tinha a facilidade de ter um motorista que falava português à sua disposição. Assim que definia seu roteiro, ligava para o brasileiro, que morava em Londres, para orientá-lo sobre quando e onde ela chegaria ao continente. Ele reservava o carro que seria alugado para pegá-la no aeroporto e acompanhá-la enquanto estivesse em viagem.

Pensava nos destinos e convidava as amigas para acompanhá-la, especialmente Vanju, com quem comemorou seu aniversário de 80 anos em um navio, em 2004. Fez outros nove cruzeiros marítimos, conhecendo praias caribenhas, da costa brasileira e da Europa.

Certa vez, desembarcou com as amigas na ilha de Porto Rico, durante um cruzeiro no Caribe, para conhecer as ruínas da época da colonização espanhola. O sol estava muito forte e Lucília quis comprar um chapéu. Entraram em uma loja com vários modelos de praia, dos mais discretos aos mais espalhafatosos. Escolheu um de aba grande, que combinava com sua roupa, deixando-a ainda mais elegante.

Na volta para a embarcação, um dos passageiros estava à porta de entrada e ficou observando Lucília se aproximar. Ela estava, realmente, deslumbrante, parecendo uma atriz de cinema. Assim que chegou perto dele, o homem lhe disse, em tom de admiração: "*Star*". Cheia de si, entrou no navio como se fosse uma estrela, enquanto as amigas se seguravam para não cair na gargalhada.

Em outra ocasião, no início dos anos 2000, convidou uma amiga para ir à África do Sul, que desistiu da viagem na última hora. Cerca de um mês antes da data marcada, seu marido foi diagnosticado com câncer. Lucília estava com tudo pago e não queria cancelar o passeio. Convidou Ana Maria, então esposa de Aloísio, para acompanhá-la. A nora quase recusou, mas, com o incentivo do marido, aceitou – e a viagem foi ótima. Conheceram Joanesburgo, Cidade do Cabo e Durban, seguindo o roteiro que Lucília havia feito.

Certo dia, Lucília recebeu uma ligação que não esperava. Jua Hafers, seu primeiro amor, soubera que estava viúva e chamou-a para sair. Depois de servir na Segunda Guerra, ele voltara ao Brasil para trabalhar no escritório da família, com negociação de café, mas logo mudara-se para Nova York. Trabalhara como representante de café do Brasil em instituições globais dedicadas a promover o consumo da *commodity* no mundo. Circulava nas rodas de pessoas importantes e influentes da cidade. Quando convidou Lucília, estava vivendo na ponte entre Nova York e São Paulo.

Surpresa, ela aceitou, mas postergou o encontro. Já tinha planejado fazer um procedimento estético e decidiu encontrá-lo somente depois, mas acabaram se desencontrando. O desfecho, entretanto, foi tranquilizador para Lucília. Ela ainda não tinha certeza se deveria se relacionar com ele. Temia passar de novo pelo sofrimento que vivera nos últimos dias com Arnaldo, cuidando do marido doente. Já tinha a família que sonhara e sua carreira consolidada. Estava em paz.

## Novo momento

Aos poucos, Lucília encontrava sua nova rotina, sem a companhia de Arnaldo. Tinha o amparo emocional da família e apoio para questões financeiras e burocráticas, especialmente de Eduardo, o neto mais velho, responsável por cuidar de suas finanças. Mas não se alienava. Algumas vezes, pela manhã, ligava para questionar as aplicações que o neto fizera com seu dinheiro. Já tinha lido pelo menos dois jornais e assistido às notícias da televisão e se preocupava com o impacto dos fatos sobre a evolução de seus rendimentos.

Também continuava fazendo suas doações. Quando os filhos ficavam sabendo, e se fosse o caso, indagavam se a pessoa precisava mesmo daquele montante, se não seria o caso de dar um valor mais baixo ou ajudar de outra maneira. Lucília não dava ouvidos e entregava os cheques a quem julgasse que precisava. Ainda era a mesma.

Com o tempo, a família começou a se preocupar com sua segurança física. Lucília tinha próteses nos dois lados do quadril, colocadas em duas cirurgias realizadas no fim da década de 1990 e início dos anos 2000. O médico recomendara uma bengala, mas, como não sentia dor, insistia em não usar.

Os filhos resolveram contratar outras duas funcionárias, além de Fia e Neusa, que já se revezavam nos cuidados da casa: Odete, enfermeira que manteria a atenção sobre a saúde de Lucília, e Wilma, que cuidaria de sua agenda e a acompanharia em compromissos sociais. Apesar das limitações que o corpo começava a lhe impor, experimentava uma época de agitação cultural, frequentando eventos e encontrando pessoas ligadas às artes.

Atenta às notícias e novidades de Ribeirão Preto, certa vez leu em uma revista local sobre um evento que lhe chamou a atenção. O Encontro de Cinema reunia a cada três meses cerca de 50 mulheres influentes da cidade para assistir a um filme em uma sessão exclusiva e, depois, debater sobre ele com um especialista convidado.

Wilma entrou em contato com a organizadora do evento, a empresária Amelinha Basile, e, desde então, Lucília passou a ser convidada para todas as edições. Fazia questão de chegar pontualmente e era sempre a primeira. Participava dos debates com energia e surpreendia quem não esperava que uma senhora de sua idade fosse tão ativa.

Com seus pares e amigos da Academia Ribeirãopretana de Letras (ARL), da qual Lucília é membro honorária, participava de saraus. Eram eventos informais, realizados sempre pelo mesmo grupo de pessoas, que se revezavam para receber os colegas em suas casas. Reuniam-se para jantar e, depois, declamavam suas poesias, falavam sobre literatura e prestavam homenagens aos artistas da região. Na ocasião em que foi homenageada, Lucília foi capa da primeira edição da revista *Ponto e Vírgula*, lançada com o objetivo de divulgar personalidades envolvidas com educação e cultura.

Normalmente, cada participante escolhia o que declamar, mas havia aqueles preferidos, e seus autores eram frequentemente convidados a recitar seus versos. À Lucília, dois eram especialmente pedidos, que ela recitava de cor. Um deles era "O moço das estrelas", que escrevera em homenagem a seu tio Persito, abatido na Revolução de 1932. Seu poema mais famoso, porém, era "Menina paulista", que ela escrevera para contemplar as moças de São Paulo, em meio a tantas homenagens que outros poetas já haviam feito às jovens de outros estados. O poema foi musicado pelo compositor Rubens Russomano Ricciardi, professor da USP em Ribeirão e, em 2014, apresentado em concerto da USP-Filarmônica na voz de Maria Yuka, esposa de Sebastião Neto, no Theatro Pedro II, o mais antigo de Ribeirão Preto.

Amante de óperas, não tinha voz para cantar – e brincava que queria ser a soprano Maria Callas na próxima encarnação –, mas recitava com gosto e maestria. Nesses encontros, brilhava, ria e se soltava entre seus pares, fazendo o que mais gostava, vivendo e experimentando a arte.

Também tinha um grupo de três amigas, Silvia, Encarnação e Teresa, que iam à sua casa todas as quartas-feiras e sábados para jogar baralho e tomar café da tarde. Se alguma faltava, Wilma participava, completando a mesa. Ela também era parceira nos bingos beneficentes, dos quais Lucília voltava de mãos vazias. Sempre que ganhava, dava o prêmio para outra pessoa. Guardava só o que lhe interessava, normalmente coisas singelas, como um pirex comum.

Sua simplicidade podia ser notada na decoração de sua casa. Apesar da ligação com o campo e dos cuidados que sempre teve com o jardim, mantinha vasos com plantas de plástico dentro de casa. A mais famosa, uma bananeira em tamanho natural, acabou no lixo depois de anos decorando a sala de televisão do apartamento em Ribeirão Preto. Mas Lucília ainda lamenta que a tenham jogado fora.

No apartamento, mantinha uma rotina tranquila com Wilma. Às vezes jogavam uma partida de tranca, iam ao shopping ou ao cabeleireiro. Todos os dias lia e escrevia. Dormia depois do almoço, hábito que durante a vida inteira fez questão de preservar, mesmo nos períodos de agenda cheia. Reclamava quando era acordada, mesmo se fosse por algum dos filhos chegando de viagem depois de um tempo ausente. Quando se levantava, antes do café da tarde, rezava para toda a família com seu livro de orações. Na página de cada santo, guardava a foto de uma pessoa, incluindo da cozinheira Isabel, que ganhou o livro como lembrança da patroa quando se aposentou.

Quando completou 90 anos, a família preparou-lhe uma surpresa na festa organizada na casa de Sebastião Neto, em um condomínio em Ribeirão. Convidaram o tenor Max Wilson, que Lucília conhecera assistindo ao DVD *Hebe Mulher e Amigos*, em que a apresentadora canta com convidados. O cantor entrou na festa cantando *Dio, come ti amo!*, a mesma que cantara com Hebe, descendo a escada que fica atrás do piano de cauda. Todos ficaram emocionados com a *performance*.

Na mesma festa, para entreter os bisnetos e homenagear Lucília, dois de seus contos infantis foram adaptados e encenados por Karina Giannecchini, atriz e contadora de histórias para crianças.

**Anos sem brilho**

No final de 2009, Ricardo, o segundo filho, descobriu que estava com câncer no intestino, que foi retirado em uma cirurgia. Enquanto se recuperava no hospital, Papu foi visitá-lo e aproveitou para fazer alguns exames, porque vinha sentindo uma dor nas costas um pouco estranha. Para surpresa de todos, descobriu um câncer no rim, que foi retirado alguns dias depois. Passados dois anos, entretanto, apareceram algumas metástases.

Iniciou-se uma longa jornada de tratamentos e internações contra tumores em diversas partes do corpo. Lucília acompanhava, sem querer saber detalhes da evolução da doença ou da eficácia do tratamento. Se o filho dizia que estava bem, contentava-se com isso. Até que os médicos descobriram um tumor em uma região em que não seria possível operar. Seu quadro se agravou e as internações ficaram mais sérias. Em uma delas, Aloísio ligou para Wilma dizendo que se preparassem para o pior. Felizmente Papu saiu do hospital, mas os médicos já não acreditavam que ele venceria a doença. Depois de quase dez anos em tratamento, faleceu em outubro de 2019.

Lucília recebeu a notícia dos filhos Aloísio e Aguinaldo e do neto Eduardo, que foram à sua casa para lhe contar pessoalmente. Ao chegar de Rondônia para o velório, Aguinaldo descobriu que a mãe nem sequer sabia que Papu havia sido internado quinze dias antes. Ao ouvir a notícia, ela se assustou. Abaixou a cabeça e deixou o choro escapar, quase imperceptível, embora estivesse destruída por dentro. Mesmo com a severidade do pai, Papu era o mais brincalhão dos filhos e carinhoso com a mãe, chamando-a de "meu doce".

Quando eles saíram, Lucília teve um mal-estar, e a Odete apenas murmurou: "O duro é você ter toda essa idade e morre um filho seu". Acreditava na cura, apesar da gravidade da doença. Não foi ao enterro, realizado em Morro Agudo, no mesmo cemitério onde foram enterrados Arnaldo e Matilde. Visitou o túmulo depois de alguns dias, quando o neto André, filho de Papu, a levou.

Seis meses depois, em abril de 2020, no início da pandemia do novo coronavírus, faleceu outro filho. Por quase oito anos, enquanto Papu lutava contra os tumores, Ricardo sucumbia a uma doença neurológica degenerativa extremamente rara, descoberta cerca de três anos depois de estar curado do câncer no intestino. Ele começou perdendo movimentos simples, como abrir uma torneira ou abotoar a camisa, até ficar completamente imóvel – mas, segundo os médicos, ainda consciente.

Lucília acompanhou com clareza a piora da condição do filho. Almoçavam juntos semanalmente, na casa dela, quando o motorista Mané Messias o levava na cadeira de rodas. Sabendo que o filho não conseguiria responder, não conversava. Depois do almoço, sentavam-se lado a lado no sofá da sala de televisão do apartamento e permaneciam em silêncio. Às vezes ela se inclinava até encostar seu ombro no dele, procurando no toque algum consolo.

Quando o processo degenerativo chegou aos órgãos internos, Ricardo teve falência pulmonar, que foi confundida com um quadro de covid-19. O Brasil tinha acabado de estabelecer as primeiras medidas de distanciamento social para evitar a transmissão do novo coronavírus. Por causa da suspeita, não houve velório. As cinzas foram jogadas na fazenda do filho, em uma cerimônia pequena, apenas para a família. Lucília também não foi.

Ela recebeu a notícia na sala de televisão do apartamento, mesmo lugar em que estava quando soube de Papu. Outra vez Aguinaldo entrou, mas agora na companhia da esposa, Ana Maria. Sentaram-se perto dela e ele a olhou nos olhos com firmeza e carinho. Lucília manteve-se serena enquanto ouvia, sem susto nem choro. Abaixou a cabeça quando ele terminou, respirou fundo, olhou para Aguinaldo e disse: "Descansou".

Ainda em 2020, mais uma perda – seu outro irmão, Luiz Felipe. Era junho e o país começava a reduzir a rigidez das medidas de isolamento. Lucília estava se preparando para ir ao velório, em Franca, com Sebastião Neto, mas teve uma alteração na pressão e se sentiu mal. Todos acharam melhor que ela ficasse em casa. Talvez fosse seu inconsciente poupando-a de vivenciar mais uma despedida.

Em todas as ocasiões, Lucília reservou para si os momentos de dor, o que, para alguns, parecia frieza, insensibilidade. Mas quem a conheceu, alegre e ativa, reconhece que muito de seu brilho perdeu-se com a morte dos dois filhos.

# Ainda em forma

Mesmo após as perdas e mudanças que enfrentou, Lucília não abandonou sua carreira de escritora. Logo após ficar viúva, enquanto recolocava sua vida no lugar, amadurecia as tramas de novos livros. Seis anos depois de seu último lançamento, em 1994, quando já tinha diminuído o ritmo, escolheu voltar ao mercado com uma coletânea de poesias. As editoras, entretanto, rejeitaram o título, alegando que os jovens não gostavam de poesia.

Lucília nunca escreveu para vender livros, portanto os argumentos comerciais das editoras não seriam suficientes para convencê-la de que uma obra não deveria ser impressa. Com recursos próprios, em 2001 publicou *Vocês, jovens... e a poesia*, que reúne versos escritos e revisados ao longo de sua carreira – incluindo "O moço das estrelas" e o famoso "Menina paulista".

Seus romances infantojuvenis, entretanto, seguiam despertando o interesse comercial das editoras. Em 2003 ela foi procurada pela Planeta Jovem, que quis reeditar três de seus maiores sucessos, *O balão amarelo*, *O amor é um pássaro vermelho* e *Uma rua como aquela*, seu livro com maior número de edições, impresso mais de setenta vezes. Dois anos depois, Lucília publicou o inédito *O destino mora no coração*, também pela Planeta Jovem. O romance narra os desafios enfrentados por náufragos de um navio, abatido na costa da Bahia, que encontram uma ilha desconhecida. Ambientado em 1942, durante a Segunda Guerra Mundial, o enredo aborda a questão do governo do presidente Getúlio Vargas, que relutava em apoiar os Aliados, liderados por Estados Unidos, Reino Unido, França e União Soviética, contrariando o desejo da população.

Apesar de sua reputação entre o público infantojuvenil, Lucília vislumbrava uma nova fase em sua carreira dedicada à produção de romances para adultos. Retomou os manuscritos que havia rascunhado anos antes e lançou em 2011, pela Planeta, *A esperança tem muitas faces*. Também ambientado durante a Segunda Guerra Mundial, o livro conta a história de amor de Gian e Lívia, separados pelo conflito quando ele se alista para servir como piloto voluntário na Itália – assim como ela e Jua Hafers se separaram no passado. Com a mesma inspiração, Lucília escrevera para o público adolescente *Obrigado por você existir*, lançado em 1986. O enredo, mais simples e curto, traz a história de Marcos e Virgínia. Diferentemente da realidade, porém, nas duas obras os casais de protagonistas se reencontram no final.

### Nova empreitada

O mercado editorial, entretanto, estava diferente. Muita coisa mudara desde seu último lançamento, na época em que sua carreira estava aquecida, na década de 1980. Além da explosão na quantidade de novos autores, que produziam mais títulos do que o mercado absorvia, os temas abordados também eram outros. Com a queda nas vendas, as editoras estavam mais criteriosas e observavam fatores econômicos para escolher o que publicar. Algumas passaram a trabalhar com livros encomendados, e ainda havia a concorrência dos livros estrangeiros.

Sentindo que a receptividade de suas obras havia caído, Lucília resolveu montar uma editora. Convidou sua neta Marina, formada em produção editorial, para ser sua sócia, mas não teve a sorte de encontrá-la no momento certo. Marina tinha acabado de ter seu filho, Bernardo, e ainda se adaptava a sua nova função de mãe. Não teria disponibilidade para abraçar um novo negócio com a dedicação necessária.

Lucília não desistiu, mas ajustou seu plano. Procurou a editora Scortecci, pela qual publicara seu livro de poesias em 2001, e cuidou pessoalmente de cada detalhe dos 17 títulos que lançou ao longo de quatro anos. Revisitou toda a sua produção de contos e de romances, publicados ou inéditos, e organizou sua obra em coletâneas que incluíam títulos para os três públicos: infantil, juvenil e adulto.

Os livros foram lançados com o selo Editora Conquista, nome da cidade onde ficava a fazenda Lajeado. Alguns eram totalmente inéditos, enquanto outros misturavam textos antigos, atualizados, com contos novos. A reedição ampliada de *Cheiro de terra, contos fazendeiros* ficou entre os finalistas da edição de 2009 do prêmio Jabuti.

Para fazer a revisão, a autora teve a ajuda de André, funcionário do escritório que Aloísio e Aguinaldo dividiam para administração das fazendas. Todos os dias, depois do almoço, sentava-se a seu lado e ditava os textos enquanto ele digitava no computador. Com o tempo, para não atrapalhar a rotina de trabalho dele, começaram a se reunir em seu apartamento, nas tardes de fim de semana. Quando Lucília percebeu que André digitaria mais rapidamente sozinho, passou a entregar-lhe os cadernos.

Depois que Lucília selecionava as obras que comporiam um livro, o trabalho de revisão e edição levava cerca de um mês. Também escolhia cuidadosamente a ilustração das capas, além da foto e do texto de sua biografia para a contracapa de cada livro. Ainda assim, quando parecia que já não havia mais o que alterar, mudava alguma coisa antes de mandar para a editora.

**Vida cultural**

O primeiro livro que publicou com o selo Editora Conquista foi o romance *Sob as asas da aurora*, em 2008, seguindo seu plano de escrever para o público adulto. Contando a trajetória de Missayo, mãe de sua amiga de infância Iolanda, a obra traz um relato histórico do período da imigração japonesa. Descreve com minúcias a viagem de navio e as condições degradantes a que muitos imigrantes foram submetidos quando chegaram ao país.

O lançamento aconteceu em junho, na 8ª edição da Feira Nacional do Livro de Ribeirão Preto, que homenageou o centenário da imigração japonesa no Brasil, comemorado naquele ano. O livro também foi lançado em São Paulo dias depois. Em Ribeirão, além da sessão de autógrafos, Lucília participou do Café Filosófico de abertura da feira, que reúne os patronos de todas as edições anteriores para falar sobre literatura – ela fora patronesse em 2005.

Considerada um dos principais eventos de literatura do país, essa feira acontece durante dez dias de intensa programação cultural, com shows, teatro, cinema, exposições, palestras, além de venda e lançamento de livros. Lucília participou da maior parte das edições, desde sua criação, em 2001, e de diversas formas. Teve obras adaptadas para o teatro e integrou mesas de discussões com o público sobre temas ligados à literatura e ao seu trabalho, incluindo o Café Filosófico especial, em 2016, com vencedores do prêmio Jabuti.

Apesar de estar com mais de 80 anos, Lucília tinha fôlego para participar dos eventos culturais e vibrava com as homenagens que recebia, sendo reconhecida pela carreira sólida que desenvolveu. Em 2010, a unidade do Sesc em Ribeirão realizou uma exposição multimídia sobre seu trabalho, expondo fatos marcantes de sua biografia e toda a sua obra. Com uma programação que durou dois meses, a mostra ofereceu oficinas de atividades para adultos e crianças, palestras, encenação de peças de teatro, contação de histórias e espetáculos de dança baseados em seus livros. No evento de abertura, Lucília autografou o livro infantil *Uma camela no Pantanal*, lançado em 2006.

Em 2012, foi inaugurada a Biblioteca de Artes Lucília Junqueira de Almeida Prado, nos Estúdios Kaiser de Cinema, que durante dez anos ocuparam o prédio da antiga Cia. Cervejaria Paulista, no centro histórico de Ribeirão. Posteriormente ela foi incorporada à Fundação do Livro e Leitura de Ribeirão Preto e transferida para sua sede. Também em 2012, em São Paulo, recebeu da Sociedade Brasileira de Cultura Japonesa e de Assistência Social o Diploma de Mérito pela qualidade literária de suas obras e pela abordagem do tema da imigração japonesa.

### Dias de paz

Apesar de ter lançado seu último livro em 2011, Lucília nunca deixou de escrever. Em 2022, tinha três romances inacabados, aguardando inspiração para o desfecho. Quando sente que está disposta, senta-se diante da escrivaninha e revisa as últimas linhas ou acrescenta um pouco mais de texto. Faz isso alguns dias seguidos e, depois, abandona os escritos. Sem dúvida, seu ritmo está mais lento, compatível com a energia de alguém que se aproxima dos 100 anos.

Morando no mesmo apartamento desde que se mudou para Ribeirão, hoje em dia Lucília pouco olha pela janela, onde estão as árvores da Praça Luís de Camões. Passa a maior parte do tempo na sala de televisão, onde também se dedica à leitura diária. Se está deitada no sofá e tem alguém por perto, quer que lhe faça cafuné. Mas só ganha o carinho, sem retribuir. Depois de passar a vida inteira fazendo o melhor cafuné que seus netos já conheceram, agora é sua vez de receber.

Em sua companhia estão sempre Odete, Fia, Neusa e Juliana, cuidadora contratada em 2020 para revezar com as outras. Isabel, que uma vez por semana ainda ia ao apartamento, se afastou por algum tempo para respeitar as medidas de isolamento adotadas por causa da pandemia do novo coronavírus a partir daquele ano. Também por causa da pandemia, os almoços de terça-feira foram suspensos, assim como as visitas de amigos e familiares.

Com o início da vacinação, aos poucos os filhos e netos voltaram a frequentar sua casa. Quando vai receber alguém para o almoço ou café da tarde, Lucília orienta Neusa sobre o que quer servir. Faz questão de manter a pontualidade no horário das refeições e não dispensa o cochilo depois.

Em março de 2021, um ano depois do início da pandemia, a família realizou o primeiro evento social, bem pequeno, para poucas pessoas. Marina e Eduardo, os netos mais velhos, reuniram a avó e os tios Aguinaldo e Sebastião Neto com suas esposas para comemorar o aniversário de 77 anos de Aloísio. O almoço, realizado na fazenda Sant'Ana da Porangaba, entre Sales Oliveira e Jardinópolis, na região de Ribeirão Preto, despertou suas memórias de vida no campo.

Mesmo antes de chegar, ligou para saber como estavam as vacas, a ordenha, se o leite havia sido desnatado. Caminhando pela fazenda, surpreendeu-se com a pobreza do pomar e da horta, comparando-os com os que ela cultivara na Santa Elza, que serviam com folga as colônias de trabalhadores, algumas com mais de trezentas pessoas.

Decidiu que queria conferir como estava sua antiga fazenda e, na semana seguinte, André, filho de Papu, a levou.

Voltou para o apartamento determinada a providenciar a recuperação dos pomares. No dia seguinte, ligou para o outro André, funcionário do escritório, e o orientou a comprar doze pés de manga, no mesmo lugar onde ela sempre comprou. Ele achou o pedido estranho, pois fazia muito tempo que Lucília não se envolvia com questões da fazenda. Mas, mesmo assim, comprou as plantas. Ela avisou que vai plantar as mudas nas fazendas Sant'Ana da Porangaba e Santa Elza. E, quem sabe, providenciar alguns jabutis para deixar nas propriedades – machos e fêmeas, naturalmente. Lúcida, segue cuidando de tudo, como sempre fez.

# Publicações

| | |
|---|---|
| **1968** | Rei do mundo |
| **1971** | Quando Beto fez sete anos |
| | Uma rua como aquela |
| **1974** | No verão, a primavera |
| **1975** | A Terra é azul |
| **1976** | Lili do rio Roncador |
| | O balão amarelo |
| | Lavradores da vida |
| | Rio de contas |
| | Depois do aguaceiro |
| **1977** | Antes que o sol apareça |
| | O ipê floresce em agosto |
| | Joãozinho do trem |
| **1979** | Guaxo, o carneirinho |
| | Um certo dia de março |
| **1980** | No rastro de Azulão, Cisco e Mangarito |
| | A gralha azul |
| | Presentes do céu |
| | Raio de Sol, Raio de Lua |
| | De sol a sol |

**1981** Arco-íris, cavalo de ninguém
**1982** Milena Morena e as fadas desencantadas
A Baía dos Golfinhos
Caimã, pé de valsa
A estrela-d'alva
**1983** O amor é um pássaro vermelho
Para os verdes anos
Por causa do amor
Fôlego de gato
Dose para leão
Comer como passarinho
Boca de siri
Lágrima de jacaré
Vá pentear macacos
Cantar de galo
Falar como papagaio
Dente de coelho
Trabalhar pra burro
**1984** Às vezes dá certo
Afinal, é a felicidade
Estórias sem nome
Era uma vez uma bicicleta
Três histórias para vocês
**1985** O domingo de tua infância
**1986** Cheiro de terra
Com os pés na Lua
Cabelos de cenoura
O sonho de cada um
Cabriolé, o cabrito
Obrigado por você existir
Tuca, o tucano
Presente especial

| 1987 | Viver vale a pena |
|------|---|
|      | Na casa das lagartixas |
| 1988 | Aventura sem fim |
|      | A menina que viajou no disco voador |
| 1992 | Fiz o que pude |
| 1993 | A verdadeira história de Babi |
| 1994 | O rio da vida |
|      | O último dia de férias |
| 2001 | Vocês, jovens... E a poesia |
| 2005 | O destino mora no coração |
| 2006 | Uma camela no Pantanal |
| 2010 | A esperança tem muitas faces |

**Editora Conquista - obra completa, inclui novas edições e inéditos**

| 2008 | Sob as asas da aurora |
|------|---|
|      | Cheiro de terra: contos fazendeiros |
|      | Presente de Natal |
|      | O sonho de cada um |
|      | A vida tem alvoradas |
| 2009 | O ipê floresce em agosto |
|      | No verão, o mundo é nosso |
|      | Quando ele faz anos – contos infantis |
|      | Às vezes dá certo – contos juvenis |
|      | Responda à minha ternura |
|      | Pelos caminhos do Rio-Mar |
| 2010 | Antes que o sol apareça |
|      | O destino mora no coração |
|      | Rei do mundo |
|      | Uma rua como aquela |
|      | Obrigado por você existir |
|      | Viver vale a pena |
| 2011 | O amor é um pássaro vermelho |

# ÁRVORE GENEALÓGICA

## Avós

Gabriel Orlando Teixeira Junqueira
1864 - 1928

♡

Cornélia Castro de Mello Junqueira
1880 - 1978

## Pais

Aguinaldo de Mello Junqueira
1899 - 1957

♡ Matilde de Souza Queiroz Junqueira
1901 - 1990

Pérsio de Souza Queiroz
1874 - †

♡

Maria Luiza Amaral de Souza Queiroz 1878 - †

## Irmãos

Luiz Felipe de Souza Queiroz Junqueira
1925 - 2020

◇ Aguinaldo de Mello Junqueira Filho
1926 - 2002

## Cunhadas

Luiz Felipe de Souza Queiroz Junqueira
1925 - 2020

♡

Lília Ester Muniz Junqueira
1932

Aguinaldo de Mello Junqueira Filho
1926 - 2002

♡

Branca César Nogueira Junqueira
1925

## Sobrinhos

José Luiz Muniz Junqueira
1950 - 2021

◇

Liliana Junqueira Colesi
1952

◇

Roberta Muniz Junqueira Giannecchini
1955

◇

Alexandre Muniz Junqueira
1956 - 2015

◇

Thays Muniz Junqueira
1963

Beatriz Junqueira Teixeira
1951 - 2018

◇

Odilon César Nogueira Junqueira
1953

◇

Paulo César Nogueira Junqueira
1954

◇

Fábio César Nogueira Junqueira
1956 - 2008

◇

Lilia Nogueira Junqueira
1960

## Filhos e Noras

Arnaldo de Almeida Prado
1920-1997

♡

**Lucília Junqueira de Almeida Prado**
1924

**Aloísio de Almeida Prado**
1944

♡

Ana Maria Freire de Carvalho
de Almeida Prado (1ª)
1949
Maria Vitória Pereira do Lago (2ª)
1948

**Ricardo Junqueira de Almeida Prado**
1947 - 2020

♡

Davina Thompson de Almeida Prado
1949

**Arnaldo de Almeida Prado Filho**
1950 - 2019

♡

Maura Barbosa Lopes (1ª)
1959
Maria Carolina Cassoni de Almeida Prado (2ª)
1970

**Sebastião de Almeida Prado Neto**
1952

♡

Helena Deutsch (1ª)
1957
Maria Yuka de Almeida Prado (2ª)
1964

**Aguinaldo de Almeida Prado**
1955

♡

Ana Maria Moraes Pinto de Almeida Prado
1960

## Netos

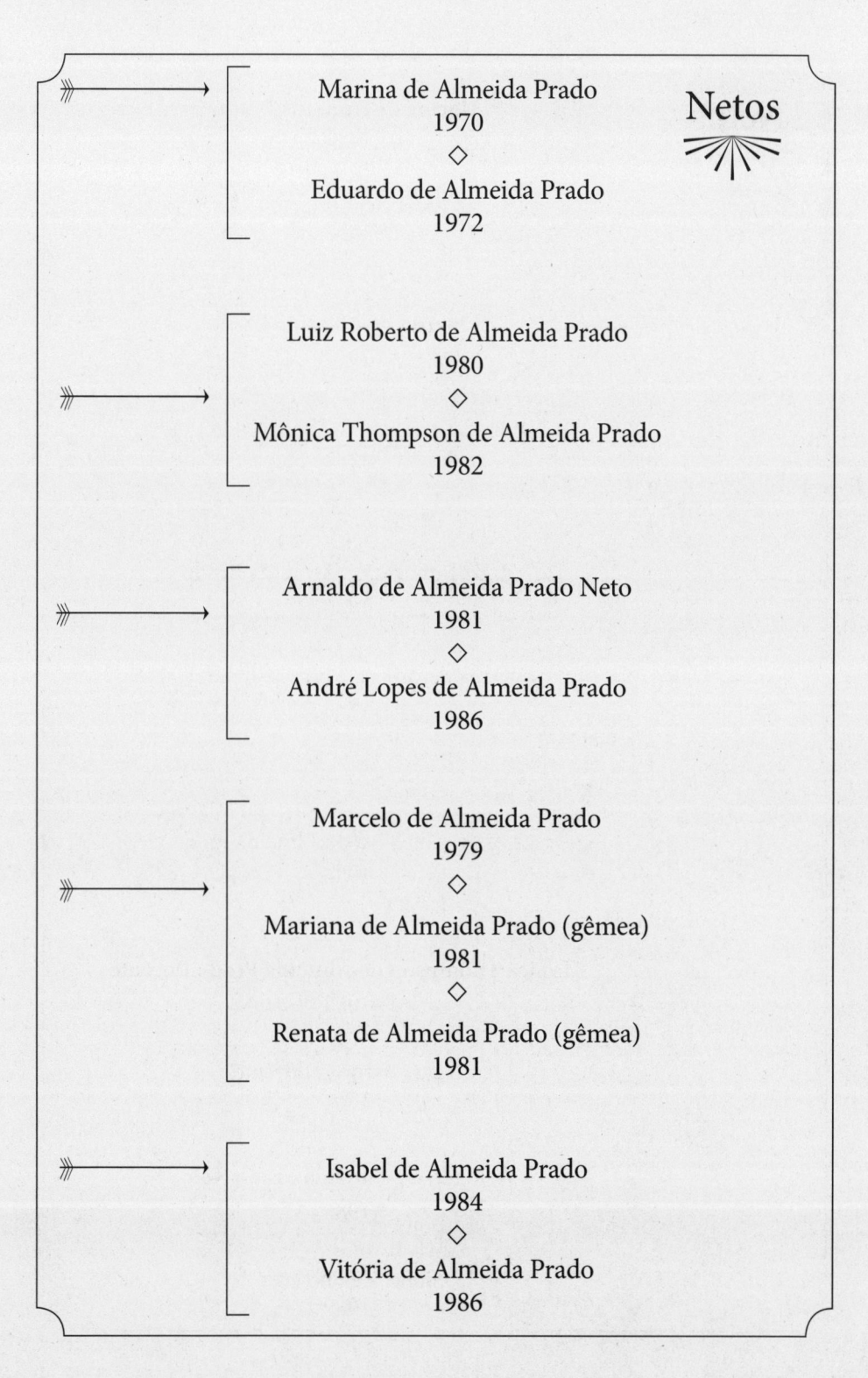

- Marina de Almeida Prado
  1970
  ◇
  Eduardo de Almeida Prado
  1972

- Luiz Roberto de Almeida Prado
  1980
  ◇
  Mônica Thompson de Almeida Prado
  1982

- Arnaldo de Almeida Prado Neto
  1981
  ◇
  André Lopes de Almeida Prado
  1986

- Marcelo de Almeida Prado
  1979
  ◇
  Mariana de Almeida Prado (gêmea)
  1981
  ◇
  Renata de Almeida Prado (gêmea)
  1981

- Isabel de Almeida Prado
  1984
  ◇
  Vitória de Almeida Prado
  1986

# Netos

**Marina de Almeida Prado**
1970
♡
Mauricio Eugenio
1968

**Eduardo de Almeida Prado**
1972
♡
Daniela Whately Mele de Almeida Prado
1972

**Luiz Roberto de Almeida Prado**
1980
♡
Luciana Perone de Almeida Prado (1ª)
1975

Erica Aparecida Silva de Almeida Prado (2ª)
1986

**Mônica Thompson de Almeida Prado Ilorente**
1982
♡
Tiago Barbosa Ilorente
1981

**Arnaldo de Almeida Prado Neto**
1981
♡
Giulia Melon Künzle
1989

## Bisnetos

⟫→ Bernardo de Almeida Prado Eugenio
2006

⟫→ Pedro Mele de Almeida Prado
2009
◇
João Mele de Almeida Prado
2011
◇
Teresa Mele de Almeida Prado
2012

## Tataraneto

⟫→ Maria Eugênia Perone de Almeida Prado ⟫→ Leonardo de Almeida Prado Cabrini
2000                                            2020
◇
Maria Clara Perone de Almeida Prado
2001
◇
Maria Julia Perone de Almeida Prado
2006
◇
⟫→ Celina Aparecida Silva de Almeida Prado
2020

⟫→ Valentina de Almeida Prado llorente
2010
◇
Martina de Almeida Prado llorente
2013

⟫→ Arnaldo Künzle de Almeida Prado
2017

## Netos

**André Lopes de Almeida Prado**
1986
♡
Ana Claudia Bernardes Antunes Menegatto
1989

**Marcelo de Almeida Prado**
1979
♡
Ana Blandina Diniz Junqueira
1980

**Mariana de Almeida Prado** (gêmea)
1981
♡
Giuliano Irineu Marcovechio
1973

**Renata de Almeida Prado Junqueira Franco** (gêmea)
1981
♡
Gabriel Jorge Junqueira Franco
1981

**Isabel de Almeida Prado Said**
1984
♡
Ricardo Vilela Said
1978

**Vitória de Almeida Prado Aguiar**
1986
♡
Gilberto Vergueiro Theiss de Aguiar
1983

# Bisnetos

⇛→ Inácio de Almeida Prado
2016

⇛→ Rafael Diniz Junqueira de Almeida Prado
2016

⇛→ Giulia Marcovechio de Almeida Prado
2012

⇛→ Helena Junqueira Franco
2016

⇛→ ⎡ Gabriel de Almeida Prado Said (gêmeo)
       2013
       ◇
       Joaquim de Almeida Prado Said (gêmeo)
       2013 ⎦

⇛→ ⎡ Ana Francisca de Almeida Prado Aguiar
       2018
       ◇
       Ana Isabel de Almeida Prado Aguiar
       2020 ⎦

FOTOS

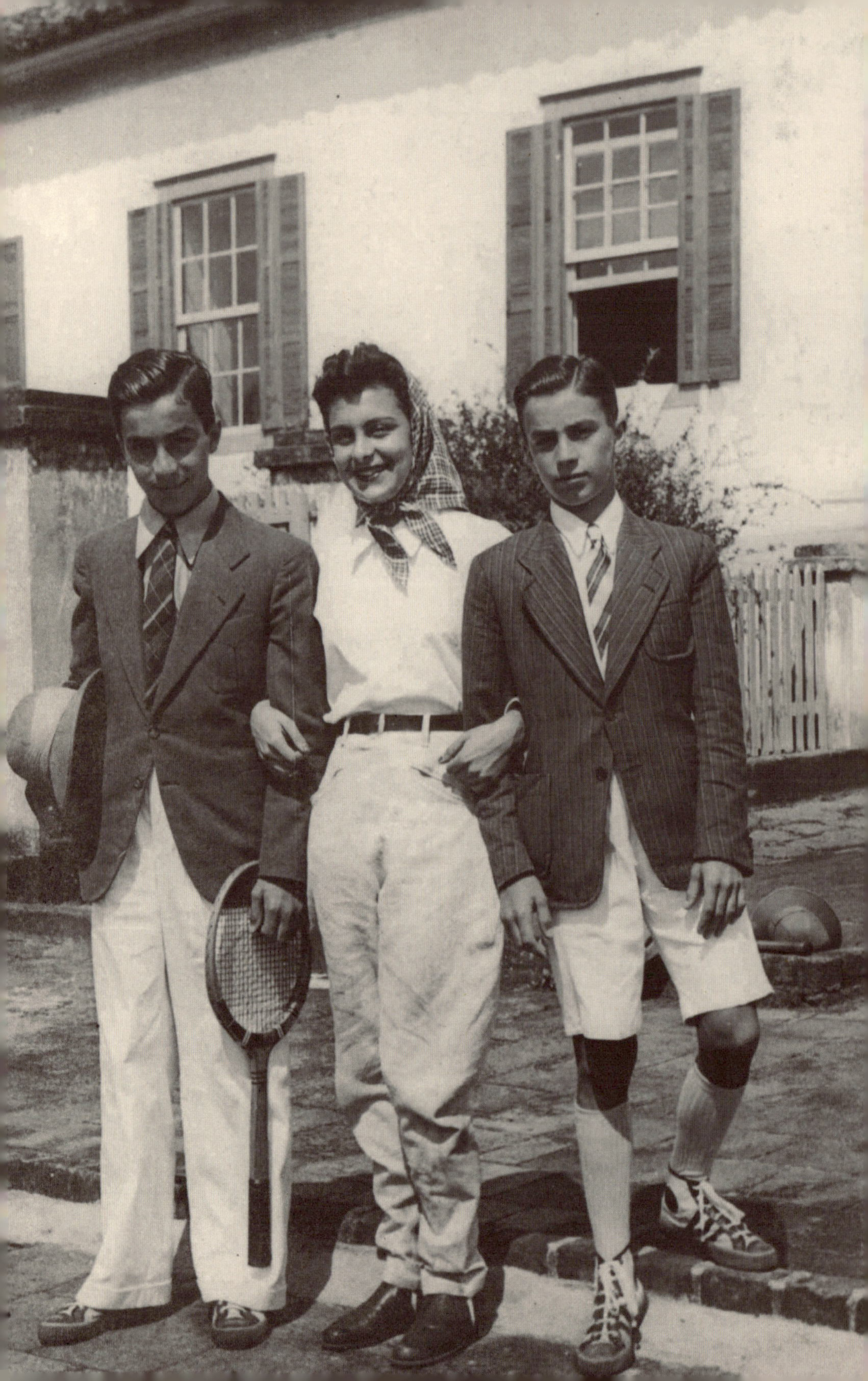

Tio Persito, irmão de Matilde, que morreu na Revolução Constitucionalista de 1932, era o mais querido e próximo de Lucília.

Entre os irmãos Luiz Felipe, à esquerda na foto, e Aguinaldo, à direita, na Fazenda do Frigo, em Bragança, onde passaram o verão de 1939/1940.

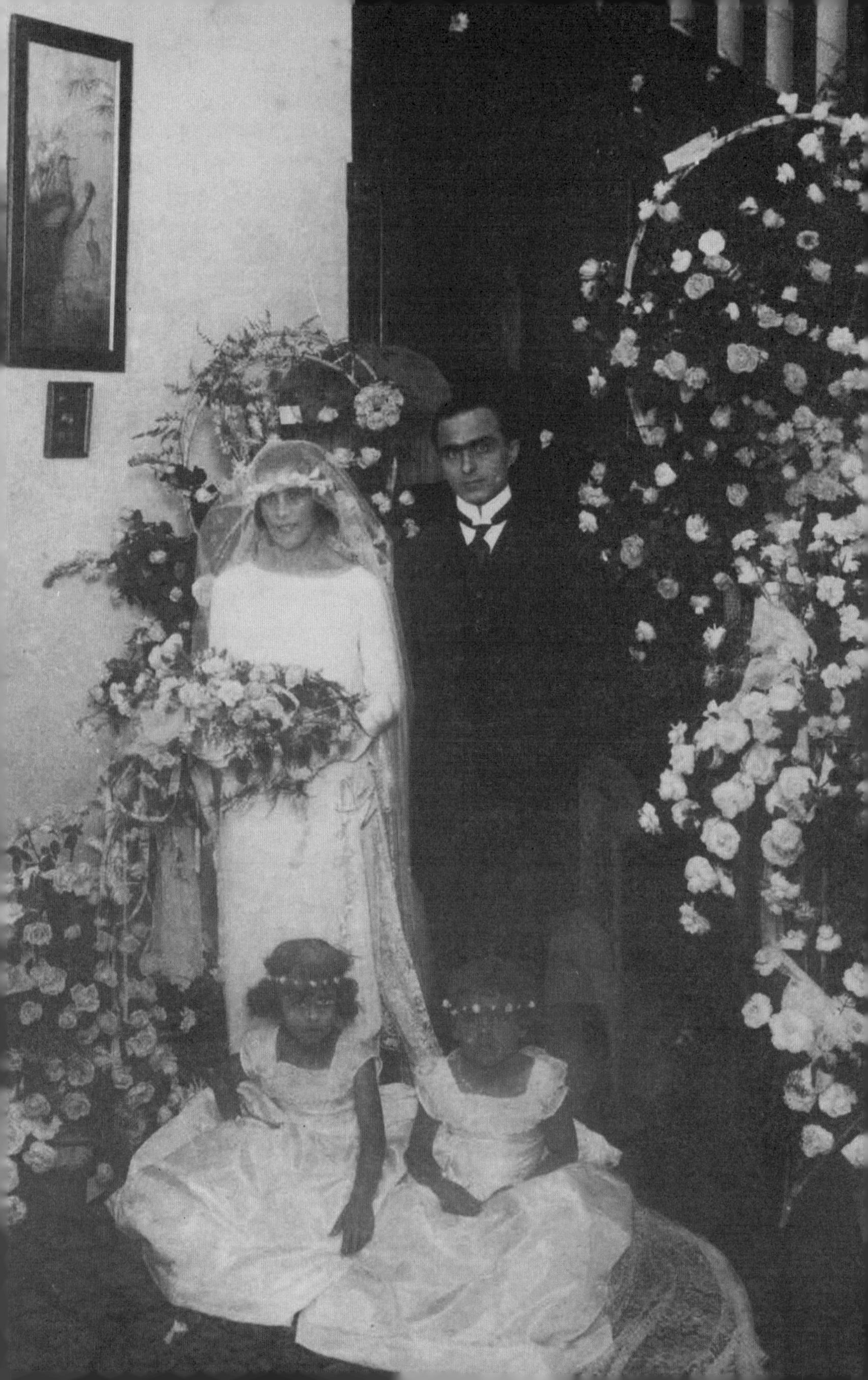

Casamento de seus pais, Aguinaldo de Mello Junqueira
e Matilde de Souza Queiroz, em 1923, e damas de honra.

125

A professora Odete Tormim, que alfabetizou Lucília
e inspirou algumas de suas obras, na fazenda Lajeado,
em maio de 1934.

Com os filhos de Missako, da família de colonos da
fazenda Lajeado, em Minas Gerais. Sentada ao seu
lado, à direita da foto, sua amiga Iolanda.

No Guarujá, aos 4 anos, com seus pais, Aguinaldo e Matilde, e os irmãos mais novos, Luiz Felipe, com 2 anos e 9 meses, e Aguinaldo, com um ano e meio.

Com os pais, Aguinaldo e Matilde, e irmãos, em 1932, durante viagem de férias em Araxá, Minas Gerais. Aguinaldo em pé, fazendo continência, e Luiz Felipe, sentado no tronco da árvore.

Lucília com o pai, Aguinaldo, que administrou a fazenda Lajeado, em Minas Gerais, e a família de quase vinte pessoas, entre irmãos e sobrinhos, após a morte de seu pai, avô de Lucília. Depois de vender a fazenda, a família mudou-se para São Paulo.

Lucília, à direita na foto, com sua tia Cleonice, irmã de seu pai, apenas sete anos mais velha que ela e que também estudou no Des Oiseaux.

Lucília montada a cavalo, provavelmente Raio de Luar, o manga-larga que ganhou de tio Persito quando morou na fazenda Lajeado.

Na fazenda Lajeado, no município de Conquista, Minas Gerais, Lucília e seus irmãos, Luiz Felipe, ao seu lado, e Aguinaldo, à direita da foto, passeavam a cavalo à tarde. Nesta foto, dona Matilde, ao centro, e tia Cleonice os acompanham.

130

Foto da primeira comunhão. Depois de casada, durante muito tempo, Lucília manteve um livro de orações com fotos das pessoas da família, amigos e funcionários, por quem rezava todas as noites.

Lucília jovem com amigas no arado, provavelmente quando os colonos da fazenda estavam preparando a terra para plantação.

O irmão mais novo, Aguinaldo, Lucília e Luiz Felipe, o irmão do meio.

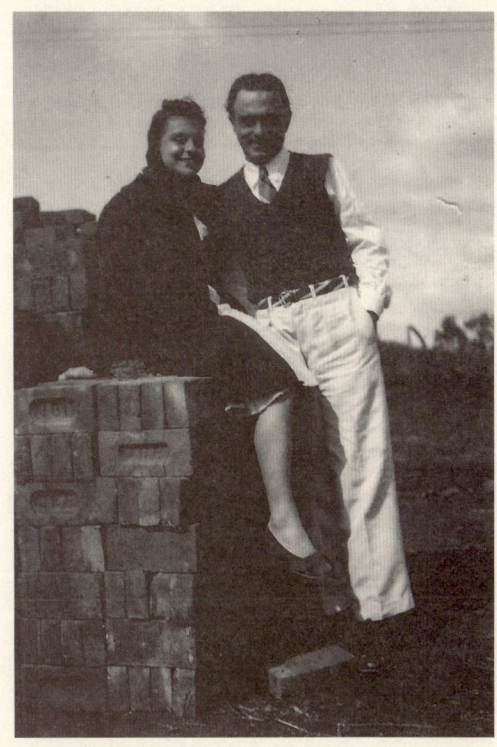

Com o pai, Aguinaldo.

Dona Matilde e Lucília sentada no chão.

Aguinaldo (pai), Luiz Felipe, Lucília e o irmão mais novo, Aguinaldo.

Em pé, os irmãos, Aguinaldo e Luiz Felipe. Sentadas, Matilde e Lucília, em São Lourenço, Minas Gerais, em viagem de férias em 1938.

Lucília entre os irmãos: Aguinaldo, à esquerda, e Luiz Felipe, à direita.

Abraçada à mãe, Matilde, com os irmãos:
Aguinaldo, à esquerda da foto, e Luiz Felipe.

Lucília no dia de seu casamento com Arnaldo, em 1943. Lucília já sonhava em constituir uma família grande, com muitos filhos.

Lucília com uniforme do Des Oiseaux, provavelmente em um de seus últimos anos no colégio das cônegas de Santo Agostinho.

Lucília entre os irmãos Aguinaldo, à esquerda na foto, e Luiz Felipe, à direita, provavelmente já em São Paulo.

No jardim do colégio das cônegas de Santo Agostinho, o Des Oiseaux, em foto anual com as alunas do 3º ano, em 1938. O colégio era considerado um dos melhores de São Paulo.

Por volta de seus 15 anos, ainda aluna do Des Oiseaux, Lucília escreveu a primeira versão do conto *O ipê floresce* em agosto, publicado muitos anos mais tarde. Nesta foto, com as alunas do 4º ano, em 1939.

Foto anual com as colegas do colégio Des Oiseaux, provavelmente em seu ano de formatura.

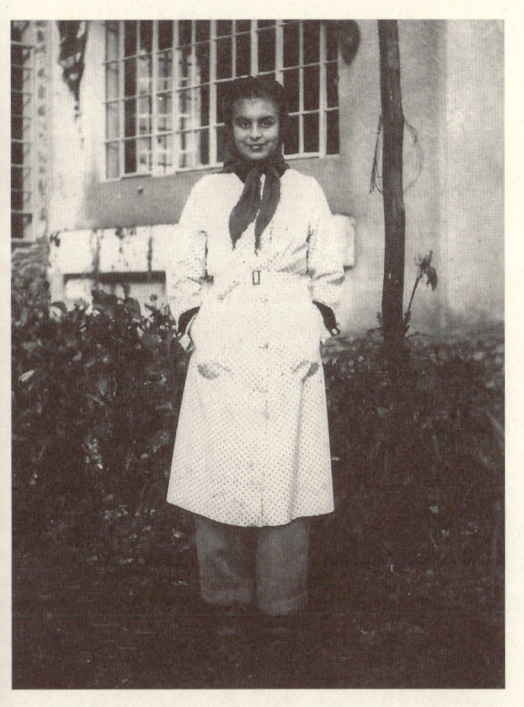

A beleza de Lucília chamava a atenção e despertava o interesse dos jovens da época.

Luiz Felipe, irmão do meio, a mãe, dona Matilde, Lucília e o irmão mais novo, Aguinaldo.

Desde pequena, Lucília sonhava em ser escritora, mas também mantinha o plano de se casar, como era comum entre as moças daquela época.

Irmãos Almeida Prado, por ordem de nascimento: Maria Isabel, Arnaldo, Margarida, Lúcia, Lídia, Gilberto, Célia e Elza, em foto provavelmente de 1932.

Família Almeida Prado. Os sogros, seu Nhonhô e dona Zizi, com os oito filhos. Arnaldo está em pé, atrás de todos.

Arnaldo em foto de meados da década de 1940, já casado com Lucília.

Casa da sede da fazenda Mosquito, onde Lucília foi morar quando se casou com Arnaldo, em 1943.

No jardim da fazenda Mosquito, o jardineiro Chico brinca com Aloísio, primeiro filho de Lucília, de quem ele ajudou a cuidar quando nasceu, prematuro. Chico improvisou uma incubadora com uma caixa de sapatos que ele esquentava com tijolos aquecidos no fogão a lenha. A foto é de Lucília.

Festa da família Junqueira em Caxambu, na fazenda Favacho, em 1981. Esse é o ramo originário da fazenda Melancias, onde nasceu o avô de Lucília, Gabriel Orlando Teixeira Junqueira.

Encontro de 25 anos de formatura, nas escadas do Des Oiseaux, em São Paulo. Lucília aparece ao fundo, em frente ao quadro do lado direito.

Lucília com o marido, Arnaldo, seu parceiro por 53 anos. Embora nunca tivesse estimulado Lucília a assumir uma profissão, pois não era necessário, Arnaldo tinha orgulho da carreira da esposa.

Lucília publicou seu primeiro livro aos 43 anos, depois que os cinco filhos já estavam crescidos e ela tinha mais tempo para se dedicar a escrever. Esta foto foi produzida para ilustrar suas obras, quando já era uma autora requisitada pelas editoras.

Lucília em foto produzida para suas obras, na década de 1980, quando já era uma autora consagrada de livros infantojuvenis. No verso, uma anotação com sua letra indica que a foto foi enviada para uma reportagem da revista *Veja*.

Lucília entre os irmãos: Luiz Felipe à esquerda, casado com Lília, no canto direito da foto, e Aguinaldo, casado com Branca, no canto esquerdo da foto, ao lado de Arnaldo, em foto provavelmente da década de 1970.

Em Veneza, na Itália, com Arnaldo, em uma das viagens de férias. Também viajavam juntos a trabalho, sempre que as agendas permitiam – Lucília acompanhando as visitas às fazendas e Arnaldo acompanhando-a em compromissos literários pelo Brasil.

Lucília com o neto Eduardo, filho de Aloísio, no jardim da fazenda Sant'Ana da Porangaba, em meados de 1974.

Casa da fazenda Santa Elza, onde Lucília escreveu a maior parte de suas obras. Ela se sentava na sala de jantar, de frente para as três janelas que davam vista para o jardim e a colônia de trabalhadores.

A horta da Santa Elza, que abastecia com folga a sede e as casas de todos os trabalhadores da fazenda e ainda sobrava para Lucília presentear amigos e filhos.

Casa da Avenida Santa Luzia, em Ribeirão Preto, para onde Lucília se mudou na década de 1960 para os filhos mais novos estudarem na cidade.

Os cinco filhos na varanda da casa da Santa Luzia: Aloísio, Ricardo, Papu, Neto e Aguinaldo.

Na varanda da casa da Santa Luzia, Arnaldo e Lucília com os filhos: Aguinaldo, em pé, Papu à esquerda, Ricardo e Aloísio à direita. No chão, Neto e Ana Maria, que já era casada com Aloísio.

Lucília e Arnaldo em Fernando de Noronha, na década de 1970, quando ainda não havia turismo e os poucos visitantes que se aventuravam a entrar na ilha precisavam de autorização do Exército brasileiro. A viagem inspirou o livro *A Baía dos Golfinhos*, lançado em 1982.

Família reunida no noivado de Papu. Atrás de Arnaldo e Lucília estão os filhos e suas então esposas: Aloísio e Ana Maria, Ricardo e Vivi, Papu e Maura, Neto e Helena e Aguinaldo, o mais novo, que ainda não era casado.

Família reunida na escada da fazenda Santa Elza, em 1985. Lucília e Arnaldo com os cinco filhos, as noras e nove netos – ainda nasceriam mais dois no ano seguinte.

Com Marylene Baracchini, à direita da foto, sua amiga e companheira de eventos literários, na festa de bodas dos cunhados Geraldo e Madalena, irmã de Arnaldo.

Lucília e Arnaldo com os netos Luiz Roberto e Mônica, filhos de Ricardo. Entre 1979 e 1986 os netos nasceram "em escadinha", completando o grupo de onze. Até então, eram apenas Marina e Eduardo.

Em 1993, a viagem anual de férias da família também celebrou os 50 anos de casados de Lucília e Arnaldo, em julho, no hotel Recanto das Toninhas. Nesta foto eles estão com os netos (da esquerda para a direita) Marina, André, Renata, Arnaldinho, Mônica, Mariana e Eduardo. Na frente, de rosto colado em Lucília, Vitória, ao lado de Isabel.

Rodeada pelos filhos, da esquerda para a direita: Neto, Papu, Aloísio, Aguinaldo e Ricardo. Sentadas, à frente, as noras: Yuka (Neto), Vivi (Ricardo), Ana Maria (Aguinaldo) e Carolina (Papu).

Em Roma, na Itália, em uma das várias viagens que fez à Europa, onde conhecia um motorista brasileiro que foi contratado para ficar à sua disposição durante sua estada.

Em viagem na África do Sul, que visitou na companhia de Ana Maria, na época casada com Aloísio. A amiga que acompanharia Lucília precisou cancelar e ela chamou a então nora para não perder o passeio, que já estava pago.

Na Cidade do Cabo, em viagem à África do Sul. Lucília gostava de escolher os destinos e planejar pessoalmente as viagens.

Passeio no rio Amazonas, em viagem que Lucília fez com Aloísio e Ana Maria em meados dos anos 2000.

Com Aloísio em Parintins, no Amazonas. Arnaldo havia falecido havia cerca de dez anos e Lucília viajava regularmente na companhia de amigas ou da família para destinos dentro e fora do Brasil.

Arnaldinho, filho de Papu, segura o bolo no aniversário de 81 anos de Lucília, com Marina (atrás), filha de Aloísio, e Mariana, filha de Neto. Sentada está a cunhada Dida, viúva de Gilberto, irmão de Arnaldo.

Lucília entre os onze netos. Na frente com ela, Eduardo, Mônica e Mariana. Logo atrás, à esquerda, Luciana, na época casada com Luiz Roberto (atrás), pais da primeira bisneta de Lucília, Maria Eugênia, no colo de Marina. À direita delas, Marcelo, Isabel e Vitória. No fundo, ao lado de Luiz Roberto, Renata, André, Maurício, na época casado com Marina, e Arnaldinho.

No lançamento das reedições de suas obras pela editora Planeta, nos anos 2000: *O balão amarelo*, *Uma rua como aquela* e *O amor é um pássaro vermelho*.

*Uma rua como aquela*, vencedor do prêmio Jabuti, em 1971, foi sua obra com maior número de edições, reimpressa mais de setenta vezes.

Com *Rei do mundo*, seu primeiro livro, publicado em 1968 e reeditado diversas vezes ao longo dos anos.

Entre 2008 e 2012, Lucília revisitou toda a sua produção de contos e romances, que publicou em coletâneas, com investimento próprio. *Sob as asas da aurora* e a reedição do livro de contos *Cheiro de terra*, finalista do prêmio Jabuti de 2009, foram os dois primeiros livros lançados.

No lançamento de *Sob as asas da aurora*, que celebra o centenário da imigração japonesa no Brasil, em 2008, com a neta mais velha, Marina.

Wilma, que está em pé, chegou em 2010 para acompanhar Lucília e administrar sua agenda. Aqui elas estão com Vanju em uma das festas de aniversário de Lucília.

Já viúva e morando em Ribeirão Preto, Lucília participou ativamente da vida social e cultural da cidade, indo a feiras de livros, encontros de cinema e saraus.

Em cruzeiro marítimo com a cunhada Lídia, a terceira da esquerda para a direita, irmã de Arnaldo e também viúva nessa época. Após a morte de Arnaldo, Lucília fez dez viagens de navio pelo Caribe, Europa e costa brasileira.

Quando completou 92 anos, Lucília reuniu a família para comemorar no Espaço Carambola, em Ribeirão Preto.

Na festa de 40 anos da primeira neta, Marina (sentada no braço do sofá), com as noras, da esquerda para a direita: Carolina (Papu), Yuka (Neto), Ana Maria (Aguinaldo) e Vivi (Ricardo), em 2010.

Na fazenda Sagarana, que fica na beira do rio Pardo, jogando cartas em um feriado em família, provavelmente em 2011, usando o boné do bisneto Bernardo (filho de Marina).

Com os filhos Aloísio, Ricardo, Papu, Neto e Aguinaldo, em um de seus aniversários.

Filhos, netos e bisnetos reunidos em seu aniversário de 90 anos, na casa de Neto e Yuka, em fevereiro de 2014.

Parceiros da vida toda: o motorista Julinho, que a levou em viagens de trabalho e nos deslocamentos entre a fazenda e a cidade; e Isabel, que esteve à frente da cozinha da Santa Elza e, depois, da casa na Santa Luzia e ainda hoje vai ao apartamento de Lucília em ocasiões especiais.

Quando chegou a hora de Isabel se aposentar, Fia, que havia trabalhado com Aloísio durante muitos anos, passou a cuidar da cozinha e do apartamento onde Lucília mora ainda hoje.

Cerca de um ano depois da chegada de Fia, Neusa, sua irmã, também foi trabalhar no apartamento com Lucília. As duas se revezam nas atividades da cozinha.

Edna e Julinho, nascidos e criados na fazenda Santa Elza, assumiram como caseiros da sede quando a cozinheira Isabel e o marido se mudaram para a casa da Santa Luzia, em Ribeirão Preto.

Com a cozinheira Isabel, já nos anos 2000, quando se mudou para o apartamento em Ribeirão Preto.

Isabel em foto recente, no dia da entrevista para este livro, em Ribeirão Preto, na casa onde mora, uma das duas que ganhou de Lucília e Arnaldo.

Odete é enfermeira e começou a trabalhar com Lucília em 2011, cuidando de sua saúde e bem-estar até os dias de hoje.

A cuidadora Juliana chegou em 2020 para integrar a equipe de funcionários que se revezam no apartamento, garantindo que Lucília sempre tenha companhia.

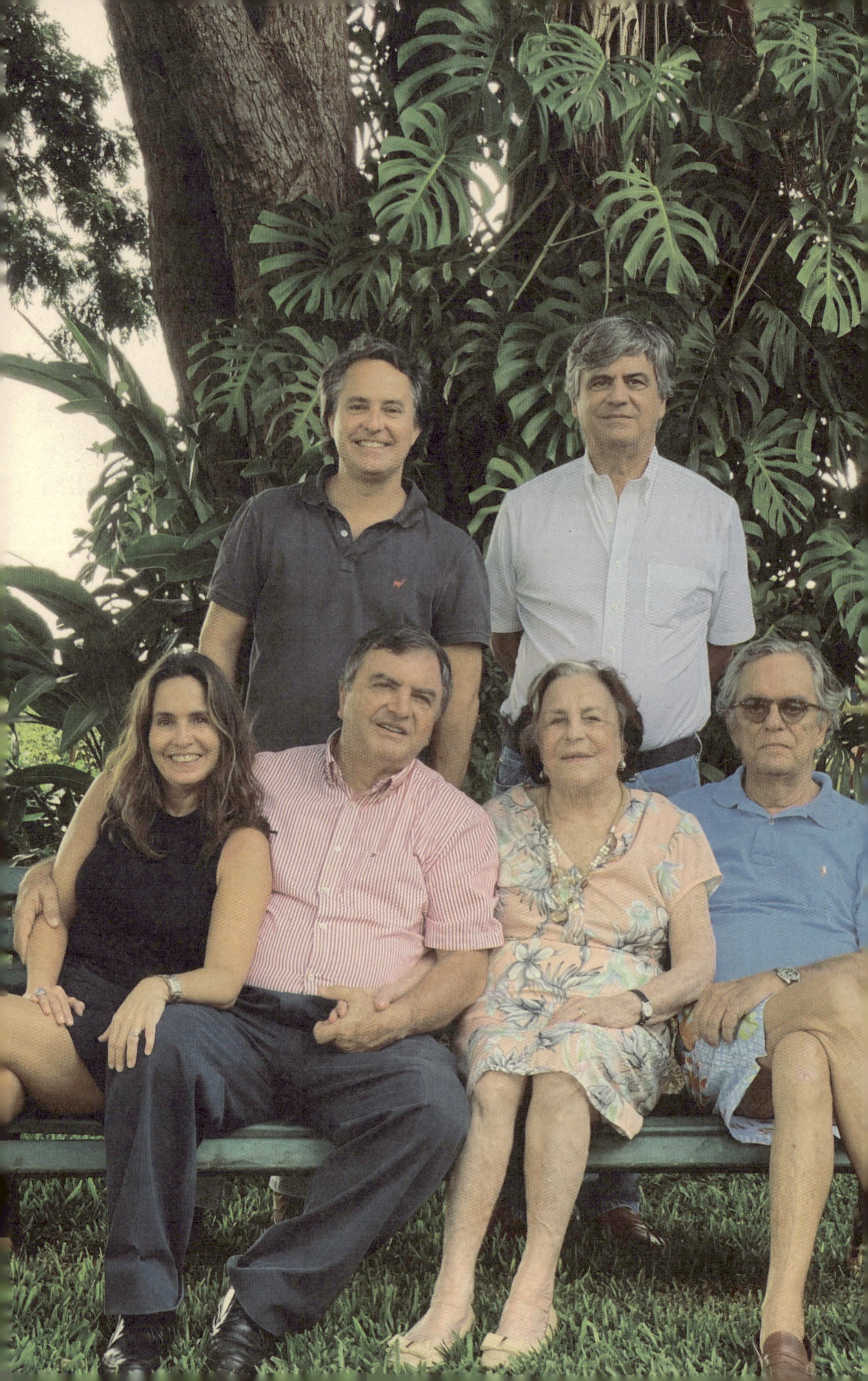

Marina fez as fotos do almoço de aniversário de Aloísio, comemorado na fazenda Sant'Ana da Porangaba: "Vó, faz pose de quem já ganhou um Jabuti".

No primeiro evento social da família após um ano de pandemia, Marina e Eduardo reuniram Lucília e os tios Aguinaldo e Neto, com suas esposas, para comemorar o aniversário de seu pai, Aloísio, em março de 2021.

Em seu aniversário de 98 anos, com a amiga Vanju, também viúva. A amizade, que começou quando os filhos ainda estudavam juntos no Colégio Marista, em Ribeirão Preto, aproximou os maridos das duas, que também se tornaram grandes parceiros.

Com a primeira neta, Marina, em seu aniversário de 98 anos.

No almoço de seu aniversário de 98 anos, que reuniu amigos e família no Amici Ristorante, em Ribeirão Preto, em fevereiro de 2022.

MATRIX